L'INDE ÉTERNELLE

SAGESSES DU MONDE

L'INDE ÉTERNELLE

RICHARD WATERSTONE

Traduit de l'anglais par Zeno BIANU

Postface de Jean VARENNE

ALBIN MICHEL

Albin Michel
▪ *Spiritualités* ▪

Collections dirigées par
par Jean Mouttapa et
Marc de Smedt

Sagesses du monde

L'Inde éternelle

Pour l'édition originale :

India

Pour la présente édition :

Mise en page de
l'Atelier Lauriot Prévost

22, rue Huygens 75014 Paris

ISBN 2-226-08182-8

Imprimé à Singapour

Table des matières

Introduction

Foyer d'une des plus vieilles civilisations du monde – le sanskrit est sans doute la plus ancienne langue encore usitée et les *Védas* datent du XIIe siècle avant J.-C. –, l'Inde constitue aujourd'hui un état laïque dans lequel la religion continue d'imprégner la vie quotidienne. Ce livre retrace l'histoire de ses traditions et de ses pratiques religieuses - des anciennes croyances védiques jusqu'au polythéisme moderne en passant par le bouddhisme et le jaïnisme. L'Inde compte aussi quelques communautés chrétiennes et nombre de cultes tribaux. L'islam, établi dans le nord du pays depuis le XIIe siècle, a atteint son apogée sous la dynastie moghole (1526-1707), où il a donné naissance une culture indo-musulmane à part entière. Ce livre met toutefois l'accent sur les traditions qui, au sens le plus large, ont forgé l'Hindouisme.

Durant le deuxième millénaire avant J.-C., les conquérants *âryas* venus d'Asie centrale apportèrent en Inde les croyances qu'ils partageaient avec d'autres peuples indo-européens. Le sacrifice, rite de perpétuelle re-création de l'univers, constituait le pivot de leur foi. De cette période date la division de la société indienne en quatre castes principales : les brahmanes (prêtres), les *kshatriyas* (guerriers), les *vaïshyas* (commerçants) et les *shûdras* (travailleurs manuels).

Au VIe siècle avant J.-C., les rituels védiques, qui ne suffisaient plus à satisfaire la soif spirituelle des adeptes, tombèrent en désuétude. Apparurent de nouvelles sectes inspirées par des sages qui avaient renoncé aux illusions du monde afin d'atteindre la réalité intérieure et d'accéder à la *moksha* (libération du cycle des renaissances). Les plus grands de ces sages furent le Bouddha – Siddhârta Gautama –, l'« Éveillé », et Mahâvîra, le fondateur du jaïnisme.

Le bouddhisme fleurit durant la dynastie des Maurya (du IIIe siècle avant J.-C. jusqu'à 150 après J.-C.), mais il perdit de son influence lorsque cet empire s'effondra. La période Gupta (320-540), qui correspond à l'âge classique de l'Inde, vit s'établir les fondements de la littérature, de la philosophie et de l'art indiens. Au VIIIe siècle après J.-C., l'Hindouisme avait remplacé le Bouddhisme dans la plus grande partie du sud de l'Inde. Quelques colonies de chrétiens et de juifs étaient alors bien enracinées à l'ouest, et les marchands indiens avaient déjà porté leur culture et leurs religions – tant hindouiste que bouddhiste – à travers toute l'Asie du Sud-Est. Aujourd'hui, des sociétés – comme des zones d'influences – hindoues se trouvent notamment à Bali, au Shrî Lankâ et dans certaines parties de la Malaisie.

Ces affiches déchirées témoignent de la profusion d'images, sacrées et profanes, qui forme encore aujourd'hui l'arrière plan de la vie quotidienne en Inde.

Hindous, jaïns et bouddhistes indiens considèrent la terre de l'Inde comme sacrée. Dans un pays qui possède, dit-on, 330 millions de dieux et de déesses, les êtres humains peuvent, eux aussi, accéder au divin. Cette profusion de dieux et déesses révèle en fait la tolérance et l'éclectisme indiens. Sans doute parce qu'elles ne sont pas monothéistes, les religions indiennes ne condamnent pas les étrangers comme des ennemis de la foi ; au contraire, elles cherchent à comprendre toutes les formes de connaissance et d'adoration du divin. Pour elles, le monde apparaît comme un voile de chagrin et d'illusion, derrière lequel opère une réalité transcendante et sans nom. Étroitement liée à l'autorité des *Védas*, la force de cette croyance contribue à unir les nombreuses sectes du monde hindou.

L'Inde ancienne

Dès 2500 av. J.-C., la vallée de l'Indus fut le foyer d'une culture florissante, dotée d'un système social élaboré et d'un panthéon divin. Bien que certains objets originaires de cette vallée aient été retrouvés plus au sud – jusqu'à Bombay –, c'est au sein des grandes cités de Harappa et de Mohenjo-Daro, situées aujourd'hui au Pakistan, que cette civilisation atteignit son apogée.

Lorsque les Aryens (*âryas*) envahirent le sous-continent quelque mille ans plus tard, ils ne rencontrèrent qu'une culture déclinante, laquelle ne leur opposa qu'une faible résistance. Les Aryens conquirent l'Inde du Nord non seulement par leur supériorité militaire, mais aussi par leur rayonnement culturel et religieux. Le sacrifice constituait le cœur de leur rituel, et se fondait sur un ensemble de textes intitulés *Védas*. L'un de leurs dieux principaux était Agni, Seigneur du Feu sacrificiel et du Foyer. Aux yeux de ces conquérants, Varuna et Indra, leurs divinités guerrières transformaient l'obscurité chaotique des croyances pré-aryennes, en les éclairant par la lumière de la vérité et de la vertu védiques.

Le char (illustré par ce temple-char du XVe siècle à Hampi, Karnataka) mena les envahisseurs aryens à de grandes victoires en Inde du Nord, au cours du deuxième millénaire avant J.-C. Leur règne donna à l'Inde, entre autres, les Védas, *ensemble poétique et philosophique qui compte parmi les plus anciennes écritures sacrées du monde.*

La culture de la vallée de l'Indus

Des motifs énigmatiques décorent ce couvercle en céramique trouvé dans la vallée de l'Indus.

Vers le milieu du troisième millénaire avant J.-C., apparut la première civilisation indienne avec les cités de Harappa et de Mohenjo-Daro. Les deux sites, séparés par six-cent quarante kilomètres, s'étendent le long de l'Indus, qui s'écoulait à l'époque à travers une région humide. La culture de la vallée de l'Indus est pratiquement contemporaine des civilisations d'Égypte et de Mésopotamie. Toutefois, malgré de nombreuses découvertes archéologiques, on ne dispose d'aucun témoignage écrit sur la vie quotidienne dans cette région.

Selon la plupart des chercheurs, qui se fondent sur le tracé des rues et les plans des maisons, des puits et des égouts, les villes de Harappa et de Mohenjo-Daro furent bâties par la même civilisation. Les objets de la vallée de l'Indus ont été déterrés dans soixante-dix sites différents au Pakistan aussi bien qu'au Gujarât et au Râjasthan. La zone formée par tous ces sites est plus vaste que le Pakistan moderne, marquant les frontières d'un empire considérable. Certains objets prouvent même l'existence de liens commerciaux avec la Mésopotamie.

Ce buste d'un personnage barbu portant une cape – sans doute un prêtre – est l'un des objets déterrés à Mohenjo-Daro, la plus grande ville de la civilisation de l'Indus.

D'après Sir Mortimer Wheeler, l'archéologue britannique qui mena les fouilles au début des années cinquante, ces sites sont les témoins de la plus remarquable « expérience politique avant l'avènement de l'Empire romain », une culture urbaine de l'âge de Bronze dotée d'un système socio-politique hiérarchisé. Sur le plan sanitaire, ses installations rivalisent avec les constructions des Romains ; le Grand Bain de Mohenjo-Daro, par exemple, couvre un espace de 83 m^2.

Les animaux, notamment les vaches, les taureaux et les serpents, étaient vénérés. Les premiers habitants de la vallée adoraient sans doute une déesse ou un dieu de la fertilité, et les sacrifices jouaient probablement un rôle majeur dans leurs rituels. Certains objets découverts ressemblent à des *lingas* ou à des sceaux montrant des dieux assis en position yogique.

Le déclin de la civilisation de l'Indus constitue un mystère. À l'époque où les Aryens (voir p. 12-13) pénétrèrent dans le nord de l'Inde, vers 1500 avant J.-C., Harappa et Mohenjo-Daro, déjà abandonnés, tombaient en ruines.

PRATIQUES YOGIQUES PRÉHISTORIQUES

L'un des aspects les mieux connus de la philosophie et de la religion indiennes est sans doute le yoga (voir p. 82-91). Bien des disciplines du yoga, semble-t-il, sont issues de pratiques chamaniques, telles que le contrôle de la respiration et l'utilisation de rythmes, de drogues et de danses en vue de trouver la « chaleur interne ». Le yogi, assis dans la posture du lotus, constitue aujourd'hui l'une des images les plus familières de l'hindouisme.

Les sceaux découverts dans les sites de l'Indus semblent indiquer que certaines formes primitives de yoga étaient pratiquées il y a plus de quatre mille ans (voir ci-dessous). Bien des traits caractéristiques du chamanisme, comme l'identification à un animal-guide, l'acquisition de pouvoirs surnaturels, la capacité de se rendre invisible, l'invocation des esprits ou la résistance aux températures extrêmes, servent encore de fondements au yoga moderne.

Six sceaux, découverts dans la vallée de l'Indus, semblent représenter des personnages assis en posture de yoga. Leurs inscriptions n'ont pas encore été déchiffrées. L'exemple ci-dessus montre un dieu à trois visages, entouré par un tigre, un rhinocéros, un éléphant et un buffle de rivière ; on remarque également une gazelle au premier plan. Ce dieu, que nombre de chercheurs assimilent au futur Shiva, porte une coiffe ornée de trois cornes et son phallus est apparent.

Les Aryens

Au milieu du deuxième millénaire avant J.-C., l'arrivée des Aryens (*âryas*) marqua une nouvelle phase dans la civilisation indienne. Avançant vers l'est, ces guerriers ne rencontrèrent que des communautés de chasseurs dispersées, car les grandes cités de l'Indus étaient déjà en ruines (voir p. 10-11). Les Aryens, largement supérieurs à leurs opposants sur le plan militaire, puisaient en outre leur énergie dans un panthéon glorieux - énergie qui inspira les poètes ou « voyants » auteurs des *Védas* (voir p. 16-17), ensemble de poèmes composé durant les mille ans d'hégémonie aryenne. Ces textes sacrés étaient écrits en sanscrit, l'une des premières langues indo-européennes.

Le point de départ du périple aryen est incertain. On s'interroge encore sur les raisons qui les poussèrent à quitter leur pays natal : sans doute leur migration à partir des prairies

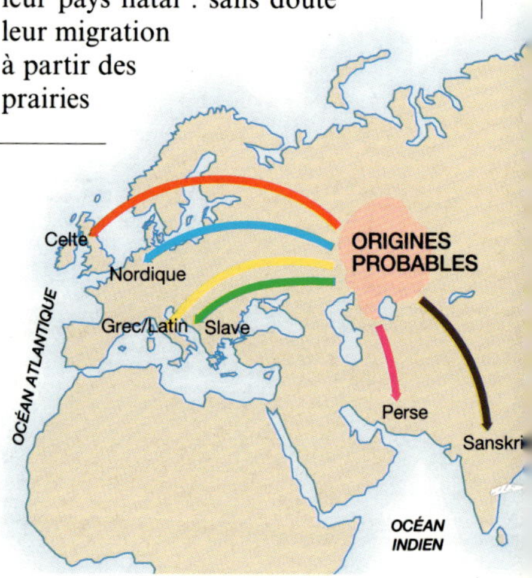

Un char de guerre dans un manuscrit du XVIIe siècle

LE CHAR

Les chars à deux chevaux assurèrent les victoires des Aryens car ils ouvraient des voies dans les troupes adverses. Bien que la roue eût été utilisée à Sumer dès 3200 avant J.-C., les chars primitifs, dotés de lourdes roues de bois, se révélaient peu maniables durant les batailles. Vers 2000 avant J.-C., apparurent des roues à rayons, plus légères, et les chars furent dotés d'essieux indépendants. Tirés par deux chevaux rapides, ils devinrent des armes invincibles – ce qui transforma durablement l'art de la guerre. Selon Joseph Campbell, spécialiste des mythes, le char divisa le monde de l'Âge de Bronze entre ceux qui criaient « Victoire ! » et ceux qui pleuraient.

L'ESSOR DES LANGUES INDO-EUROPÉENNES

Nombre de langues parlées aujourd'hui dans le nord de l'Inde et en Europe furent apportées par les conquérants aryens à partir du deuxième millénaire avant J.-C (voir ci-dessus). Les théories relatives à un « foyer originel » aryen se fondent uniquement sur des preuves linguistiques. Dans les régions du sud et du centre de l'Inde, les langues ont des racines dravidiennes ou austro-asiatiques, sans rapport avec la culture aryenne.

situées entre la mer Caspienne et la mer d'Aral fut-elle provoquée par la surpopulation, ou par des guerres contre d'autres tribus pastorales. Les Aryens, qui ne connaissaient pas le fer, étaient des nomades dont les ancêtres avaient probablement chassé dans les plaines eurasiennes pendant des millénaires. Aussi les archéologues ne disposent-ils que de fragments de poteries pour tenter de reconstituer leurs conditions de vie.

L'ère de l'occupation aryenne en Inde, qui coïncide avec la composition des *Védas*, est appelée période védique. Bien que ces textes ne donnent aucune description précise des communautés aryennes, les dieux auriges qu'ils dépeignent, nimbés par le soleil alors qu'ils défont les puissances obscures, proviennent à l'évidence d'une culture guerrière et nomade. Ces divinités étaient associées au soleil plutôt qu'à la lune, et leurs mythologies, loin d'être fatalistes, promettaient victoire et liberté. La société aryenne était fortement hiérarchisée, selon les trois « fonctions » qu'a mises en évidence Georges Dumézil (1898-1986), fonctions que l'on retrouve dans toutes les sociétés indo-européennes, et en partie dans le système des castes (voir p. 25).

Svastikas – bénéfique dans l'art du bouddhisme himalayen (à gauche) et néfaste dans la propagande nazie (à droite)

LA CULTURE ARYENNE ET LES NAZIS

Le mot « aryen » et le symbole solaire de la svastika n'ont jamais suscité une frayeur plus grande que dans l'Europe du XXe siècle. L'intérêt pour le paganisme dans l'Allemagne de la fin du XIXe siècle fut récupéré dans les années 30 par le programme raciste des Nazis, lorsque Hitler entendit affirmer la prétendue suprématie de la « race » aryenne. Les civilisations nordiques partagent les mêmes racines indo-européennes que la culture védique. Mais les similitudes d'ordre linguistique et culturel ne prouvent nullement un quelconque apparentement ethnique.

Les Nazis adoptèrent la svastika, symbole du victorieux dieu-soleil aryen, qui accompagna leurs troupes d'assaut sur tous les champs de bataille. Le mot provient du sanscrit *svastika* – « bon augure ».

Les dieux guerriers

Cette gravure du XIXe siècle représente Indra conduisant Araivata, son éléphant.

Les dieux aryens sont représentés d'ordinaire comme des guerriers héroïques - le soleil de la vérité pourfendant les puissances des ténèbres. Certains versets des *Védas* (voir p. 16-17) font l'éloge de Savitar, divinité qui gouverne l'action, conduit un « char doré » tiré par « deux éclatants coursiers », « bannit le mal » et « mène le soleil » dans sa course victorieuse. Mais d'autres influences sont à l'œuvre dans la mythologie aryenne, et les dieux des *Véda*s doivent aussi aux traditions de l'Asie centrale.

Les premiers Aryens qui pénétrèrent en Inde adoraient Varuna, le Seigneur de l'Univers, dont le nom provient sans doute du verbe sanscrit *var*, « couvrir ». Varuna est le garant de l'ordre cosmique, *rita*, concept commun à bien des religions – le principe sumérien du *mê* ou la *maat* égyptienne qui représente la justice, la vérité et l'harmonie. Comme le Yahvé de l'Ancien Testament ou la divinité sumérienne Anu, Varuna inspire la crainte. Mais il accorde sa pitié à ceux qui le vénèrent.

Il surpasse les autres dieux en tant que souverain moral. La loi cosmique est en effet censée œuvrer à l'intérieur comme à l'extérieur du domaine humain. De même que les planètes suivent leur orbite dans leur périple céleste, un chemin « juste » doit exister, selon les Aryens, dans la sphère de l'action morale. Cette notion de *rita* trouve ses équivalents dans l'astronomie et les mathématiques sumériennes. Des peuples pré-aryens comme les Dravidiens ont sans doute également influencé la religion védique.

Varuna semble avoir été supplanté par Indra comme roi des dieux. Ce dernier tient plus du héros que du souverain : si Varuna est lunatique et vindicatif, Indra est loyal et puissant. Son plus haut fait est sa victoire sur Vritra, symbole du chaos, de l'ignorance et de l'obscurité. Indra apparaît en fait comme le champion des guerriers aryens. En tant que tel, selon la hiérarchie des fonctions dans tout système indo-européen, reflété par l'ordre des castes, il aurait dû demeurer un dieu secondaire. C'est pourquoi il est dit qu'il ne parvint au pouvoir qu'en tuant son père.

Dans ce temple du XIe siècle à Bhuvanèshvar, Varuna, seigneur des eaux cosmiques, se dresse sur le makara, un monstre aquatique.

Cette miniature du XVIe siècle illustre la bataille opposant Indra, conduisant son éléphant, et les dieux ultérieur de l'hindouisme, représentés ici par Krishna, le dieu à la peau bleue qui vole sur son aigle magique Garuda. Brahmâ aux quatre têtes et Shiva l'ascète sont assis en haut de la toile.

INDRA ET VRITRA

Le mythe le plus fameux du *Rig-Veda* est peut-être la victoire d'Indra sur le démon géant Vritra, qui bloquait les eaux dans la montagne – image du système d'irrigation de la vallée de l'Indus que détruisirent les envahisseurs aryens ? D'après certains commentateurs, Vritra représente l'ancien cycle cosmique défendu par Varuna. Indra, célèbre pour ses incroyables pouvoirs, décupla sa force en buvant du *soma*, la liqueur magique. Il lança alors la foudre sur Vritra, libérant du même coup les eaux et le soleil. Les épithètes dénotant la force et la puissance sont souvent employées pour décrire Indra, le dernier des dieux guerriers, et le prodigieux buveur du *soma*.

Mais l'Inde pré-aryenne ne disparut pas aussi facilement. Les grands textes de l'hindouisme, écrits mille ans plus tard, doivent probablement autant aux croyances dravidiennes qu'aux mythes aryens. Comme nombre des conquérants futurs de l'Inde, les Aryens furent finalement assimilés. Bien que les hindous contemporains considèrent les *Védas* (voir p. 16-17) comme la source de leur religion, certaines pratiques et croyances pré-aryennes, telles que le yoga et les mythes cycliques, constituent des éléments essentiels de l'hindouisme.

Le *Mahâbhârata* (voir p. 56-57) représente Vritra non comme un démon mais comme un *brahmane* qui a acquis ses pouvoirs par l'ascétisme. Indra se voit humilié par sa puissance. Shiva lui apprend que seule la plus haute ascèse lui permettra de vaincre Vritra – une vision fort différente du héros conquérant aryen.

Les Védas

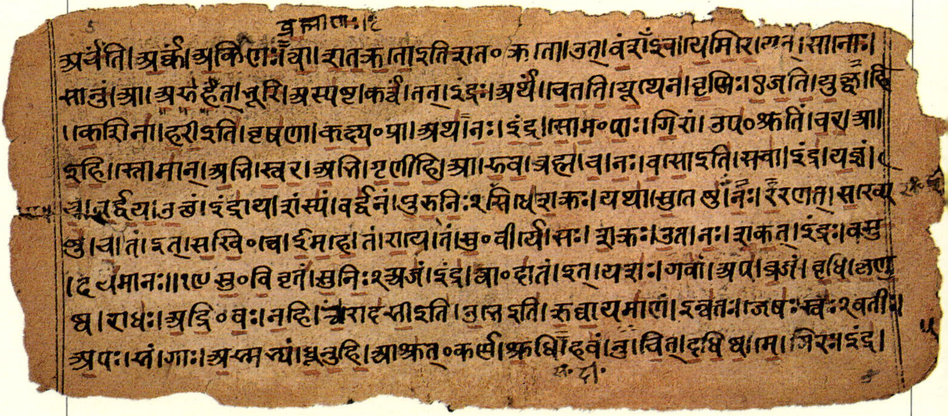

Manuscrit (XVIIIe siècle) du Rig-Védas, *ou « Sagesse des Versets », le premier et le plus bénéfique des quatre* Védas

Outre leur invincibilité militaire, la plus grande réalisation des conquérants aryens fut la composition des *Védas* (« Livres de la Connaissance »). Ces recueils d'hymnes et d'incantations rituelles, appelées *mantras* (voir p. 98-99), étaient chantés durant les sacrifices offerts aux dieux aryens. Bien qu'éclipsés plus tard par d'autres enseignements, les *Védas* ont toujours constitué une dimension centrale de la vie hindoue.

Il y a quatre *Védas* : le premier, le *Rig-Véda*, fut composé vers 1200 avant J.-C., suivi du *Sama-Véda*, du *Yajur-Véda* et enfin de l'*Atharva-Véda*, sans doute écrit à une date ultérieure. Chaque *Véda* se compose de deux parties : la *Samhitâ*, ou récitation des *mantras*, et les *Brahmanas*, qui contiennent les commentaires.

Les *Védas* furent écrits à l'intention de différents prêtres : le *hotar*, qui récitait les *mantras* du *Rig-Véda* ; l'*udgâtar*, qui chantait les hymnes du *Sâma-Véda* ; l'*adhvaryu*, qui conduisait les sacrifices en déclamant les incantations du *Yajur-Véda* ; et les orants brahmanes, qui psalmodiaient l'*Atharva-Véda*. Les non-brahmanes ne pouvaient avoir accès aux *Védas*.

Ce qui rend ces textes remarquables, c'est sans doute leur dimension orale. Selon les hindous, non seulement le sens, mais le son des mots est sacré. Les prêtres ont transmis oralement les *Védas* de génération en génération jusqu'à aujourd'hui. Des noms tels que Trivédî ou Chaturvédî marquent encore chez certains brahmanes contemporains une origine sacerdotale. Les hindous croient que les *Védas* furent « entendus » (*shruti*) directement de Brahmâ par les *rishi*, et que le pouvoir divin réside dans ces mots révélés. Parce qu'ils contiennent les syllabes sacrées desquelles naquirent les dieux et les mortels, les *Védas* ont précédé l'univers, lui-même né de la syllabe *Om* (voir p. 108-109).

LE RIG-VÉDA

Le *Rig-Véda* (« Sagesse des Versets ») est nettement polythéiste. Il contient 1 028 hymnes dédiés à trente-trois dieux différents, particulièrement à Indra, Agni et Soma (voir p. 18-19). Les 10589 versets du *Rig-Véda* sont divisés en dix *mandalas* ou livres, dont les plus importants sont compris entre le deuxième et le septième ; les autres ont sans doute été ajoutés à une date postérieure. La croyance traditionnelle selon laquelle chaque livre fut composé par des voyants, ou *rishis*, d'une même famille semble s'expliquer par la spécificité de certaines structures stylistiques propres à chacun des ouvrages. Le principal rituel évoqué est celui du sacrifice, préoccupation fondamentale des brahmanes.

LE SÂMA-VÉDA

Le *Sâma-Véda* (« Sagesse des Chants ») est plus connu pour les détours de sa poésie que pour son contenu. À mesure que le sacrifice devenait un rituel complexe, les fonctions dévolues aux prêtres, en nombre toujours croissant, devaient être redéfinies. Le *Sâma-Véda* est un recueil de sâmans ou chants, tirés principalement des huitième et neuvième livres du *Rig-Véda*, et destinés aux prêtres *udgâtars* qui accomplissaient le sacrifice du *soma* (voir p. 18). Plutôt que de *mantras*, il s'agit de psaumes, accompagnés d'instructions precises.

LE YAJUR-VÉDA

Les *yajus* sont des formules, des invocations ou des sorts psalmodiés par les prêtres *adhvaryu* qui procédaient aux rites sacrificiels ; aussi le *Yajur-Véda* est-il appelé « Sagesse du Sacrifice ». Bien que quelques hymnes soient inclus dans ce texte, il traite principalement des aspects pratiques du rite. Il comporte des invocations aux instruments sacrificiels, lesquels symbolisaient certains aspects du divin.

L'ATHARVA-VÉDA

L'*Atharva-Véda* (« Sagesse des prêtres Atharvan ») tire son nom d'une des familles brahmanes qui passent pour avoir composé les *Védas*. Ce recueil d'hymnes, comme le *Rig-Véda*, est dépourvu de toute référence au sacrifice – ce qui plaiderait pour une composition plus tardive. Il s'agit avant tout d'un ensemble de formules magiques censées apporter la réussite dans toutes les situations.

LE SACRIFICE DU CHEVAL

Le sacrifice du cheval, d'ordinaire ordonné par un roi, était le plus élaboré de tous les rituels védiques. Entre le choix de l'étalon et son immolation finale il s'écoulait exactement une année. Le souverain comme l'étalon devaient rester chastes pendant ces douze mois, durant lesquels l'animal pouvait galoper librement. Si d'aventure il franchissait la frontière d'un royaume mitoyen, celui-ci devait – à moins d'entrer en guerre – accepter la domination de son voisin. Le jour venu, l'étalon était conduit à la cité et on lui choisissait une jument. À l'instant même où il hennissait de joie, il était étouffé.

Cette statue équestre (XVIIe siècle) orne la tour d'un sanctuaire dédié au dieu Ayyappan dans le Tamil Nadu. Les chevaux symbolisent la puissance des Aryens, qui ont envahi l'Inde grâce à leurs chars.

Les dieux du sacrifice

Par le sacrifice, symbole de la création du monde, les Aryens invoquaient et apaisaient leurs dieux. Dans ce rite central de la religion védique, le prêtre jouait le rôle du premier homme qui s'immola afin de faire naître l'univers.

Tous les gestes rituels du sacrifice étaient accomplis par des brahmanes, au nombre de dix-sept lors de la cérémonie complète du *soma*. Les instructions relatives au bon déroulement du rite figurent dans les *Brâhmanas*, longs commentaires en prose rattachés à chacun des *Védas*. Selon ces instructions, l'espace sacrificiel devait être sanctifié par les prêtres. L'autel représentait la terre et l'eau, les éléments fondamentaux à partir desquels le monde fut créé.

La zone ainsi consacrée incarnait une sphère de pureté au milieu de ce que les brahmanes considéraient comme un monde impur. Si les animaux étaient à l'origine mis à mort par étouffement – chose que les *Brâhmanas* tardifs réprouveront –, ils furent progressivement remplacés par des substituts symboliques. Les *Upanishads*, notamment, développèrent un sens du sacrifice intérieur dans lequel les sites extérieurs sont relativisés au profit de la spiritualité quotidienne : « le sacrifice, c'est l'homme. »

SOMA

Le dieu Soma représente le liquide, la fraîcheur et la lune. Il est le « breuvage d'immortalité », la nourriture rituelle des dieux. *Soma* est la personnification d'une plante hallucinogène, dont la préparation résidait au cœur du sacrifice védique.

L'identité de cette plante pressée et bue durant le rituel a suscité bien des commentaires. Il s'agit peut-être de l'*Amanita Muscaria*, ou amanite tue-mouches, un champignon hallucinogène. Le sentiment d'extase et d'euphorie rapporté par ceux qui en ont bu est une des caractéristiques marquantes de la « liqueur des dieux ». Comme l'amanite tue-mouches, le *soma* est rouge. Dans le *Rig-Véda*, il est souvent appelé *madhu* (miel) et *pavamâna* (liquide jaunâtre), ce qui évoque sans doute la couleur du champignon une fois pressé.

L'*Amanita Muscaria* a été utilisée pendant des millénaires par les chamanes sibériens afin de provoquer des états extatiques. Ce champignon, qui pousse en Sibérie et en Afghanistan, aurait été connu des Aryens. Toutefois, puisqu'il n'existait qu'en faibles quantités dans la vallée de l'Indus et les plaines du nord de l'Inde, il fut peu à peu remplacé par une autre substance. Pour finir, ce fut peut-être le rituel lui-même, avec ses formules magiques, qui provoqua l'état extatique décrit par les *Védas*.

Le champignon hallucinogène, Amanita muscaria.

RUDRA

L'une des divinités les plus remarquables des *Védas* est Rudra, le « hurleur », le dieu du tonnerre qui brandit la foudre destructrice. Rudra est le plus vindicatif des dieux aryens. Sale, les cheveux en broussaille, le ventre noir et le dos rouge, il habite les étendues sauvages. Son courroux est sans bornes, mais au contraire d'Indra et de Varuna, il ne prend pas toujours le parti des dieux. Sa nourriture lui est offerte à même le sol sous forme de boulettes. Rudra passe pour être le prototype de Shiva (voir p. 74-75), Seigneur du Yoga et de la Destruction, puisque les *Védas* utilisent souvent l'épithète *shiva*, auspicieux, pour le décrire.

Dans cet album d'aquarelles du XVIIIe siècle destiné aux Européens, Agni, le dieu du feu, chevauche un bélier.

AGNI

Plus de deux cents hymnes du *Rig-Véda* sont consacrés à Agni, le dieu du feu. Représentant les forces de la lumière, il est souvent associé à Indra, la divinité du soleil (voir p. 15). Comme le roi des dieux, il est invincible et réduit tous ses ennemis en cendres. Seigneur des charniers et des feux de forêts, il est la « chaleur » (*tapas*) engendrée par l'ascèse du yoga.

La naissance d'Agni est décrite de plusieurs manières. Ses géniteurs sont les deux bâtons avec lesquels on allume le feu sacré. Agni garde ainsi sa jeunesse car ce feu est entretenu quotidiennement. Dans le monde des humains, il apparaît comme l'éclair, comme la flambée qui « réchauffe » dans le foyer de chaque maison.

Agni se manifeste dans les flammes qui brûlent sur l'autel. Il consume les démons qui menacent de détruire le sacrifice et invoque les dieux pour qu'ils participent au rituel. Il est souvent représenté sur un bélier, animal sacrificiel, ou portant une tête de bélier entourée de flammeroles. Dieu ambivalent, à la fois bénéfique et terrifiant, il peut être aussi représenté avec deux visages, comme le Janus romain.

Parce qu'il incarne le sacrifice, Agni est considéré comme un médiateur entre les dieux et les mortels, un prêtre qui comprend les lois de la terre et celles du ciel.

La déesse-mère

En Inde, la déesse-mère, figure de la plus haute antiquité, a traversé les âges sous de multiples formes. À la fois nourricière et destructrice, elle est la matrice vitale d'où surgissent les jungles luxuriantes. Elle est l'« obscure » à la « longue langue rouge », portant un collier de crânes et retirant la vie naguère accordée à sa floraison de mortels. Son image a connu nombre d'incarnations différentes : Durgâ ou Kalî (voir p. 80-81), destructrices féroces de l'ignorance et de l'illusion, aussi bien que Pârvatî, la parèdre de Shiva (voir p. 74-75).

L'adoration de la déesse-mère est liée à la lune et à la végétation, à la mort et à l'éternel retour. De même que la lune s'éteint chaque mois pour renaître, les plantes et les animaux se nourrissent de leurs semblables avant de mourir à leur tour. Dans un mythe fondateur, l'être divin mâle est immolé, découpé et planté dans un bosquet afin de nourrir le monde. Et cette nourriture, une fois absorbée, conduit à l'apparition de sexes différenciés. Les deux visages de la déesse-mère, le sexe et la mort, sont les principes sur lesquels repose la roue de la vie.

Le rite du sacrifice est au cœur du culte de la déesse. A Calcutta, lors de la fête de Kalighat, plus de huit cents chèvres sont immolées, et leurs têtes écrasées devant une statue de Kâlî. À travers toute l'Inde, des bêtes sont sacrifiées pour assouvir son insatiable appétit. Les sacrifices humains, pratique jadis florissante, ne furent interdits qu'en 1835. Les « voyants » aryens donnèrent peu à peu une dimension abstraite et symbolique au sacrifice, si bien que les formules sacrées et la cérémonie prirent autant d'importance que le meurtre rituel.

Les origines de ce culte remontent à une époque qui précède l'arrivée des Aryens. Quelques figurines en terre cuite, datant des IIIᵉ et IIᵉ millénaires, montrent des femmes aux poitrines proéminentes et aux hanches larges. Le raffinement de leurs coiffures et de leurs bijoux suggère qu'il s'agissait de figures cultuelles, adorées en tant que déesses, puissantes représentations de la féminité qui se sont perpétuées au cours des siècles.

Ces figurines de terre cuite (IIᵉ millénaire avant J.-C.), trouvées dans la vallée de l'Indus, représentent des femmes richement vêtues, considérées comme des déesses-mères.

À DROITE *Kâlî, déesse de la destruction, révérée dans toute l'Inde (Calcutta,* XIXe *siècle).*

CI-DESSOUS *Les fêtes célèbrant les divinités féminines sont un trait caractéristique de la vie religieuse en Inde. Ici, un prêtre officie devant une déesse à dix bras.*

L'ESPRIT DE L'ARBRE

Bien des aspects du culte de la déesse-mère proviennent des croyances animistes qui caractérisaient les religions pré-aryennes et se retrouvent encore aujourd'hui dans les populations tribales du pays. De même que les éléments naturels tels que les fleuves, les montagnes et les arbres sont censés être habités par des esprits, la terre était considérée comme le corps de la déesse-mère. Les banyans (voir ci-contre), particulièrement révérés en tant que symboles d'une nature abondante, sont censés être habités par Shalabhanjikâ, la déesse des arbres. On porte aussi des colliers composés de graines de banyan afin d'honorer la déesse-mère et Shiva.

Les Upanishads

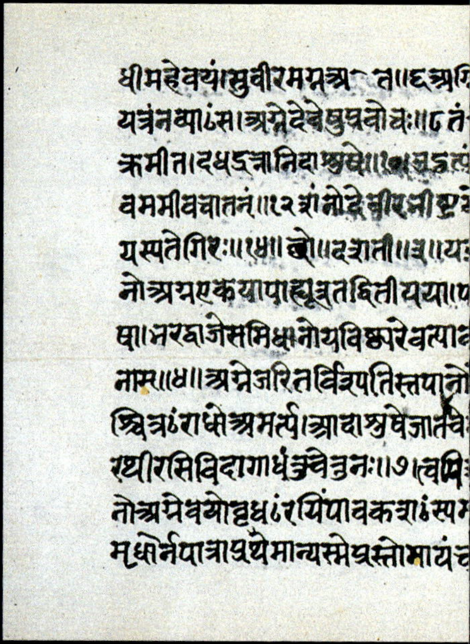

Les *Upanishads* sont un ensemble de textes composés principalement entre le VIIe et le Ve siècles av. J.-C. Constituant la dernière partie des *Védas* (voir p. 16-17), elles sont appelées *Védânta* (« Conclusion des *Védas* »). Par leur contenu comme par leur ton, elles diffèrent toutefois nettement de ces derniers. Ici, le questionnement mystique et philo-sophique se substitue à l'approche sacrificielle. Les cent-huit *Upanishads*, fondatrices de l'hindouisme tardif, ont suscité nombre de commentaires.

Vers 500 av. J.-C., la société et la religion indiennes se transforment rapidement. La croissance fulgurante des villes s'accompagne de l'émergence d'une puissante classe de marchands. Les quatre anciennes castes ou *varnas* (prêtres, guerriers, marchands et serfs) ne semblent plus opérantes. Ascètes, mystiques et renonçants contestent l'autorité des brahmanes et leur mainmise sur la religion. Ils suivent des maîtres tels que Siddhârtha Gautama, le Bouddha (voir p. 30-35) et Vardhamâna, qui allait devenir Mahâvîra (voir p. 40-43). Tout cela conduit à une profonde transformation de la vie religieuse indienne.

Plus que tout autre texte, les *Upanishads* incarnent cette transformation. Au lieu d'invoquer des dieux extérieurs, elles cherchent le dieu intérieur – et mettent l'accent sur la quête de la force sacrée (*brahman*) qui œuvre en toute chose. Alors que les sages aryens accédaient au divin par le sacrifice, les nouvelles philosophies perçoivent le reflet du *brahman* dans l'*âtman*, l'âme. L'union avec le divin n'est plus le fruit d'un rituel extérieur, mais celui d'une transformation intérieure.

Le cérémonial afférent au culte, si important dans la religion védique et impliquant le sacrifice de nombreux animaux, n'est pas seulement évité, mais violemment rejeté.

Dès 700 av. J.-C., les sages indiens chantent *néti néti* (ni ceci, ni cela), refusant d'admettre la réalité ultime d'un monde extérieur perçu comme une illusion, et cherchant au contraire l'étincelle éternelle du *brahman* dans l'âme de tous les êtres. L'objectif principal des *Upanishads* n'est autre que la délivrance (*moksha*) du cycle des réincarnations. Pareille délivrance doit être obtenue par la méditation, le yoga et les pratiques ascétiques, afin d'unir l'*âtman* et le *brahman*.

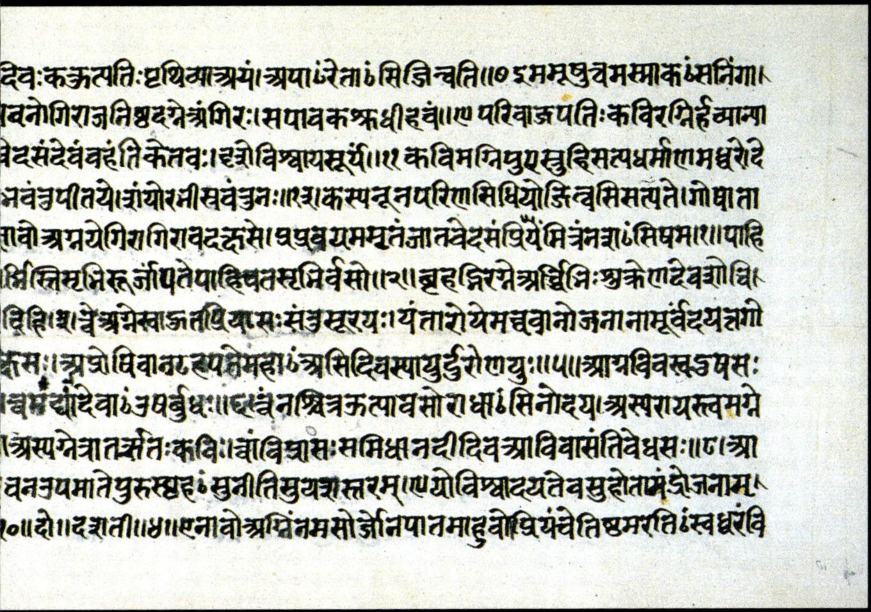

Cette page est extraite d'un manuscrit de la Chândogya Upanishad. *Composée entre le* VIII*e et le* VII*e siècle avant J.-C., cette célèbre* Upanishad, *l'une des plus anciennes, établit une identité parfaite entre l'*âtman *(l'âme) et le* brahman *(l'esprit absolu).*

BÂLAKÎ ET LE ROI JÂBÂLI

Les enseignements contenus dans les *Upanishads*, qui n'étaient plus la propriété exclusive des *brahmanes*, pouvaient être suivis par les *kshatriyas* (voir p. 25) – la classe des guerriers dont faisait partie le Bouddha, et dont le prestige éclipsa peu à peu celui des brahmanes.

La plus ancienne des *Upanishads* nous conte l'histoire de Balâkî, un fier *brahmane* qui rendit un jour visite au roi de Bénarès afin de l'instruire. Le souverain promit d'offrir mille vaches au prêtre si celui-ci lui révélait la nature de l'esprit absolu. Le *brahmane* lui montra le soleil, la lune, les éléments, la foudre, le tonnerre et le *soma* – soit les symboles des dieux védiques –, mais le roi, insatisfait, exposa lui-même au prêtre humilié la théorie de l'*âtman* (âme), du yoga et du cycle des renaissances.

Selon une variante du même mythe, un *brahmane* envoya son fils au palais du roi Jâbâli. Celui-ci demanda au garçon si son père l'avait instruit religieusement. Le fils, qui avait acquiescé, fut alors interrogé sur la mort et la renaissance des âmes. Incapable de répondre, il s'en revint honteux chez son père, qui se rendit aussitôt chez le souverain. Le roi lui exposa alors la signification des castes, du *karma* (voir p. 24-25), du yoga et de la réincarnation.

Une autre *Upanishad*, datée de 600 av. J.-C., subordonne les divinités védiques à la déesse-mère, seule capable de reconnaître le *brahman*.

Le karma

Selon la loi du *karma*, toute action a sa cause, engendrant des conséquences auxquelles il est impossible d'échapper. Le *karma* est le fondement de notre destinée, la loi naturelle par laquelle nous devenons ce que nous faisons. Les infortunes de notre vie présente sont le résultat des actes que nous avons commis dans le passé. En conséquence, le suicide, selon la loi du *karma*, n'est pas un choix. On ne peut échapper au *karma*, ni retarder ses effets.

Nos actions dans cette vie présente déterminent notre destin dans les vies qui suivront, et la conscience elle-même, censée posséder une mémoire karmique, opère à travers les nombreuses incarnations de l'*âtman*, l'âme. Le désir est la cause du *karma* ; parce qu'il conditionne notre action, nous renaissons constamment dans le cycle du *samsâra*, la chaîne sans fin des réincarnations.

Selon Krishna, aurige du char d'Arjuna dans la *Bhagavad-Gîtâ* (voir p. 60-61), l'âme habite des corps aussi longtemps qu'elle désire vivre, « tout comme un homme enlève un vieux vêtement et en revêt un nouveau ». D'après les traditions de la « philosophie des forêts » (voir p. 38-39), c'est en renonçant à l'action et à l'illusion du monde extérieur que nous pouvons nous libérer du *karma*, et atteindre *moksha*, ou la délivrance.

Dans la *Bhagavad-Gîtâ*, toutefois, Krishna montre que nos actions ne produisent aucune conséquence karmique si nous agissons sans but ni profit, libres du fruit de nos actes. L'action disciplinée, selon Krishna, est la voie de la vérité (*dharma*) et le sentier du divin (*brahman*). En offrant chacune de nos actions, pensées et paroles au brahman, les effets du *karma* sont anéantis et l'*atman* libre de tout désir égotique.

Le *dharma* est la base de la religion hindoue. L'hindouisme est du reste désigné comme le *Sanâtana Dharma*, la vérité universelle et éternelle, et le *dharma* considéré comme le pivot de toutes choses, la loi fondamentale de l'univers manifestée dans l'ordre cosmique et l'action juste de l'humanité. Il s'agit d'une voie morale essentielle, par laquelle nous agissons en harmonie avec notre propre *karma*. Les *brahmanes* possèdent leur *dharma* particulier, comme les *khsatriyas*, les *vaïshyas* et les *shûdras*. L'action sans

Karma *signifie littéralement action. Dans la* Bhagavad-Gîtâ, *Krishna décrit les trois sentiers qui conduisent à la délivrance. Le premier est* jnâna *(connaissance), le deuxième* bhakti *(dévotion), et le troisième* karma *– la voie des œuvres. Pour Krishna, l'œuvre est supérieure au renoncement : « Ce n'est pas en laissant l'œuvre inaccomplie qu'un homme gagne la liberté… ni par le seul renoncement qu'il atteint la perfection. » Cette approche positive équilibre les tendances ascétiques.*

désir, selon Krishna, est l'action même du *dharma*, qui nous conduit à la plus haute conscience. « Ce qui accroît la force de la dévotion, dit Krishna,… c'est le *dharma*. »

LES CASTES

Depuis les temps védiques, la société indienne est divisée en quatre groupes principaux appelés *varnas*, littéralement « couleurs ». Chaque *varna* se compose de sous-groupes appelés *jâtis*. Chaque *jâti* est lié traditionnellement à une occupation particulière telle que la poterie, le tissage ou l'agriculture. Les *varnas* comme les *jâtis* sont classés selon des catégories supérieures ou inférieures, dont la hiérarchie crée toujours des pommes de discorde.

Le *varna* des ***brahmanes*** est le plus élevé, en raison de la pureté associée à leur occupation principale - la prêtrise. Aujourd'hui, tous les *brahmanes* ne sont pas prêtres, mais la plupart demeurent végétariens et observent certaines pratiques telles que le bain rituel et (pour les hommes) le port d'un fil sacré reçu lors d'une cérémonie spécifique.

Le *varna* des ***kshatriyas*** ou guerriers comporte plusieurs castes : rois, nobles, mais aussi scribes et autres courtisans.

Le troisième *varna* se compose des ***vaïshyas***, soit les fermiers et les marchands.

Le quatrième *varna*, celui des ***shûdras***, est lié traditionnellement au monde du travail servile.

Au dessous des quatre *varnas* viennent les ***harijans*** ou les « enfants de Dieu », comme les appelait Gandhî. Situés en dehors du système, ils sont plus connus sous le nom d'intouchables, puisque leur simple contact est censé souiller un membre orthodoxe d'une caste supérieure. Leur impureté supposée est liée aux métiers qu'ils exercent, balayeurs ou éboueurs. Dans l'Inde moderne, la relation entre la classe et la caste se révèle complexe. Bien que la constitution de l'Inde indépendante ait aboli le système des castes, la réalité quotidienne reste marquée par les préjugés.

Le renoncement

Vers le milieu du Ier millénaire avant J.-C., les *brahmanes* avaient le quasi-monopole de la vie religieuse en Inde du Nord. Nombre de croyants, toutefois, considéraient que le sacrifice védique ne suffisait plus à satisfaire leurs besoins spirituels. Au lieu d'honorer le feu sacrificiel, ceux-là cherchaient la « chaleur interne » par le renoncement, le jeûne et la méditation. C'est parmi ces renonçants que le Bouddha et Mahâvîra, respectivement fondateurs du bouddhisme et du jaïnisme, choisirent leurs disciples.

L'objectif premier de ces ascètes était la « délivrance » du monde matériel et du cycle sans fin des naissances et des morts. Cette philosophie se fondait principalement sur les concepts de *samsâra* (renaissance) et de *karma* (voir p. 24-25). Selon les jaïns, les seuls moyens d'échapper à la prison du monde sont l'auto-discipline et la non-violence.

La « Voie du Milieu » prônée par le Bouddha, qui renvoie dos à dos ascétisme et matérialisme afin d'éliminer la souffrance, fut le fondement du bouddhisme primitif, qui pouvait être pratiqué par les laïques comme par les moines.

Chassés de l'Inde occidentale par les conquérants musulmans au XIIe siècle, les fidèles du Bouddha et de Mahâvîra s'installèrent plus tard dans le bassin du Gange et sur les contreforts orientaux de l'Himalaya (ci-contre). Ces communautés inventèrent de nouvelles formes de culte, telles que l'inscription des noms divins sur des drapeaux à prières.

Les philosophes de la forêt

Portrait de Arhant, le Bouddha en tant que Vainqueur du Moi (monastère bouddhiste himalayen, XVIIe siècle)

À partir du VIIIe siècle avant J.-C., les renonçants parcoururent les forêts de l'Inde du Nord, formant des communautés desquelles allaient émerger bouddhistes, jaïnistes et ajivikas. Ces vagabonds rejetaient tout lien avec la société, y compris leurs amis et leurs familles. Ils mendiaient leur nourriture, ou se retiraient au plus profond des bois où ils vivaient de la cueillette.

« Avancer » (*pravrajya*), tel était leur but. Pour ne pas s'attacher à leurs forêts, ils se déplaçaient sans cesse. Certains pratiquaient l'ascèse en vue d'atteindre *moksha* (la délivrance des liens physiques), jeûnant parfois jusqu'à la mort, ou supportant des températures extrêmes afin de contrôler leur corps. On les appelait souvent *shramanas* (combattants) en raison des efforts qu'exigeait leur voie.

L'un des derniers hymnes du *Rig-Véda* (voir p. 16-17) évoque les *munis*, ces sages errants qui pratiquaient la méditation et l'ascèse comme des techniques d'extase. Le Bouddha (voir p. 30-31) et le maître jaïn Mahâvîra (voir p. 40-41) étaient comparables à ces *munis* védiques. Leur philosophie mettait l'accent sur le sacrifice interne, substituant aux flammes du feu sacrificiel la chaleur intérieure (*tapas*) de la contemplation. Comme le sacrifice, l'ascétisme était une quête visant à dépasser les limites du monde manifeste. Mais au contraire des prêtres védiques, les renonçants cherchaient le contrôle de l'esprit, qui gouverne le corps et la perception du monde.

Au VIe siècle avant J.-C., les principes du *karma* et du *samsâra* étaient acceptés comme les fondements de l'existence humaine. Le *samsâra* (mot sanskrit signifiant « écoulement circulaire ») est le cycle des renaissances provoqué par l'accumulation des actes (*karma*). Opposé à l'expérience de la réalité ultime, le *samsâra* désigne un monde d'illusion et de souffrance, où chaque chose est sujette à un changement constant. Il évoque l'image d'une roue ou d'un tourbillon dont il est pratiquement impossible de s'échapper.

Or, précisément, à partir de l'époque des Upanishads, la principale préoccupation des sages indiens va être de rompre le cycle des renaissances. Jaïns, bouddhistes et ajivikas reconnaissent tous l'existence de la transmigration , mais mettent surtout en évidence la nécessité d'y échapper. Aussi cherchent-ils « l'action juste », rejetant parfois les normes des conventions sociales.

LES COMMUNAUTÉS DE LA FORÊT

L'un des traits les plus frappants de la vie érémitique est son degré d'organisation. Les renonçants formaient des groupes dont la structure sociale était étrangement semblable à celle du monde qu'ils avaient quitté. L'accroissement soudain de leur nombre au VIe siècle avant J.-C. est dû, semble-t-il, aux changements sociaux et économiques de l'époque. Le règne de la dynastie Magadha constituait alors une menace pour les sociétés tribales, au sein desquelles le Bouddha et Mahâvîra virent le jour. Des termes bouddhistes et jaïns tels que *gana* (troupe) et *sangha* (communauté) sont utilisés dans les *Védas* pour décrire des fratries de guerriers nomades, dont les membres obéissaient aux mêmes règles que ceux des ordres érémitiques.

Cet ascète vishnouïste a renoncé au monde pour rejoindre une sangha (communauté) dans la ville sacrée de Puri.

LES AJIVIKAS

Les ajivikas étaient des ascètes contemporains des bouddhistes. Leur saint le plus célèbre, Maskarin Goshala, fut un compagnon de Mahâvîra. Ce que nous savons de la vie de Goshala provient de textes bouddhistes et jaïns tardifs, qui décrivent cet ascète comme un déterministe, considérant le destin (*nyati*) comme la seule force de l'univers. Ici, tous les efforts de libération sont vains ; les événements – selon Goshala – sont prédestinés et inévitables.

LES MOINES NUS

Lorsque Alexandre le Grand atteignit le nord de l'Inde en 326 avant J.-C., il voulut s'entretenir avec des yogis. On lui fit rencontrer un groupe de moines nus, assis sur des rochers si brûlants que les soldats ne purent y poser le pied. L'un des ascètes, appelé Kalanos par les Grecs, quitta son rocher pour rejoindre Alexandre. Lorsqu'ils arrivèrent en Perse, Kalanos fit élever un bûcher couvert de fleurs. Assis en lotus dans le feu, il s'immola devant l'armée du conquérant.

La vie du Bouddha

Cette peinture rupestre d'Ajanta (Ve siècle avant J.-C.) montre un épisode du Mahâjanaka Jâtaka, histoire d'une des vies du Bouddha.

Le Bouddha (l'« Éveillé ») naquit en 563 avant J.-C. sous le nom de Siddhârtha Gautama. Prince des Shâkyas, peuple d'un petit État situé à la frontière du Népal, il vécut dans une époque de prospérité et de bouleversement. Dans le monde entier, d'ailleurs, cette époque vit émerger de nouvelles philosophies et de grands spirituels : Pythagore et Héraclite en Grèce, Confucius en Chine, Isaïe chez les Hébreux... et, en Inde même, Mahâvîra, le dernier des *tîrthankaras* (voir p. 40).

Ce que nous savons de la jeunesse de Gautama relève surtout du mythe. Les textes tardifs du mahayana dressent le panégyrique de Siddhârtha, décrivant sa vie comme un chemin prédestiné vers la bouddhéité. Le roi, son père, chercha à protéger le futur Bouddha, l'obligeant à demeurer dans le palais et le couvrant de présents. À l'âge de seize ans, Siddhârtha épousa une très belle femme, qui lui donna un enfant. Il joua ainsi son rôle de chef de famille jusqu'au jour où, à vingt-neuf ans, il s'aventura en-dehors du palais.

Réjouis, les dieux adressèrent « quatre signes » pour éveiller le futur Bouddha. Le premier fut un vieil homme, décrépit et courbé sur son bâton. Siddhârtha, jusque-là protégé de la réalité de la souffrance, demanda à son aurige pourquoi cet homme était si faible. Celui-ci répondit que l'homme était vieux, et que la vieillesse afflige tous les êtres. Lorsqu'il sortit le lendemain, il fut bouleversé par la vue d'un homme gravement souffrant. Il apprit alors que chacun devait affronter la maladie. Enfin, il vit un cadavre emporté vers le bûcher, et découvrit que la mort faisait partie de la vie.

La vieillesse, la maladie et la mort furent définies comme les « trois signes

Porte d'un stûpa à Sanchi, dans le Madhya Pradesh, représentant un épisode de la vie du Bouddha (Ier siècle)

de l'impermanence ». À cause de son caractère transitoire, la vie est inséparable de la souffrance (*duhkha*). Taraudé par le doute, Siddhârtha voulut encore une fois sortir du palais. Un dieu apparut alors devant lui sous la forme d'un saint homme, dont la sérénité persuada le prince : la contemplation offrait la possibilité de se détacher de la souffrance. Peu après, Siddharta quitta sa femme et son enfant, et s'en alla vêtu comme un ascète.

Le futur Bouddha se rendit au sud, où il reçut l'instruction des plus célèbres gurus, avant de rejoindre les ermites de la forêt. Selon ces moines nus, la douleur et l'abnégation étaient les sources de la délivrance. Siddhârtha était d'un avis contraire : puisque le corps fonctionne par l'entremise de l'esprit, c'est celui-ci et non le corps qui doit être contrôlé. Il rejeta alors la voie de l'ascétisme et continua sa recherche.

Ces refus successifs reflètent bien la profonde originalité, dans l'Inde de son époque, du futur fondateur du bouddhisme : il est en quête d'une espérance libératrice, et ne se satisfait ni d'un hédonisme vulgaire, ni des théories métaphysiques dont se nourrit alors l'élite spirituelle indienne, brahmanes ou ascètes.

À l'âge de trente-cinq ans, Gautama arriva finalement à Bodh Gaya, où il s'assit devant un arbre – selon certains, l'Arbre de Vie (voir p. 33). Il jura de rester immobile tant qu'il n'aurait pas atteint l'éveil. Après quarante-neuf jours de méditation solitaire, il parvint au *nirvâna*, permanence sise au sein de l'impermanence. Il devint alors le Bouddha, « Celui qui est pleinement éveillé ».

LE BOUDDHA ASCÈTE

Siddhârtha rencontra cinq ascètes qui mortifiaient leurs sens pour trouver la vérité. Ils s'assirent tous ensemble pour jeûner. Le futur Bouddha refusa de se nourrir jusqu'à ce que son nombril touche sa colonne vertébrale. Nombre de statues le représentent ainsi émacié. Il comprit alors que le corps a besoin d'énergie pour alimenter la quête de l'esprit, et il abandonna l'ascétisme.

Sculpture en schiste de Gandhara, au Pakistan, représentant le Bouddha en ascète (IIIe siècle)

L'éveil du Bouddha

Dans ce bas-relief du Ier siècle, au temple de Sanchi Bhopal, le trône vide symbolise l'éveil du Bouddha.

L'éveil du Bouddha est le point central du bouddhisme, hinayana ou mahayana (voir p. 38-39). Siddhârtha passa six ans à mortifier ses sens avant de comprendre que cette voie ne menait nulle part. Il commença alors à se nourrir et quitta ses compagnons moines. À Bodh Gaya (« lieu de l'éveil »), le futur Bouddha s'assit en lotus sous un arbre, face au soleil levant, et jura de rester immobile tant qu'il n'aurait pas atteint l'illumination.

Au cours d'un épisode rappelant la tentation du Christ dans le désert, le futur Bouddha dut subir l'assaut de Mâra, le Seigneur de la Mort, de ses fils Confusion, Gaîté et Fierté, et de ses filles Luxure, Délice et Attachement. Tous cherchèrent à dissuader Siddhârtha, en lui rappelant les devoirs de sa caste et la gloire qui s'offrait à lui. Siddharta resta impassible, les yeux fermés au monde.

Mâra saisit alors les flèches de la tentation – Excitation, Réjouissance, Fatuité, Dévoration et Porteuse de Mort – et de son arc visa le saint homme. Mais les flèches ne purent atteindre Siddhârtha, qui avait annihilé son identité temporelle. Il n'y avait plus de moi qui pût être tenté ou terrifié par les paroles du Seigneur de la Mort. Pour en finir, Mâra lança ses troupes diaboliques. Des démons à plusieurs têtes écumèrent de rage, des femmes nues aux colliers de crânes dansèrent devant lui. Saisis de panique, les dieux du ciel abandonnèrent le Bouddha. Mâra déclencha alors des tempêtes, mais ne put même pas faire trembler la

MUCHILINDA

Après avoir atteint l'illumination, le Bouddha s'assit sous un arbre *muchilinda* pendant sept jours, goûtant la saveur de son éveil. Une terrible tempête éclata, mais le roi des *nâgas* (cobras), Muchilinda, sortit de sa tanière et enveloppa sept fois le sage de ses anneaux, gonflant son capuchon au-dessus de lui. Ce mythe suggère l'unité fondamentale de l'univers : l'éveil se destine à tous.

robe de Siddhârtha. Par le pouvoir de sa méditation, rochers et armes épouvantables furent transformés en fleurs, et le Seigneur de la Mort disparut « comme l'aube devant le jour ».

Durant sa première « veille », Siddhârtha acquit la connaissance totale de ses vies antérieures. Découvrant que « toute existence est dépourvue de substance », il comprit la nécessité profonde de la compassion (*karunâ*), puisque tous les êtres humains sont piégés dans le cycle sans fin des renaissances (*samsâra*). Durant la deuxième partie de la nuit, il acquit la vision divine, percevant la chaîne causale qui conduit à la renaissance, et la racine même de la souffrance (*duhkha*).

Enfin, dans l'ultime partie de la nuit, le futur Bouddha comprit pleinement le mouvement du karma, et progressa à travers les huit stades de la méditation (*dhyâna*) jusqu'à la perfection. À cet instant, il atteignit l'illumination. La nature elle-même répondit en écho, et les « dix mille mondes » tonnèrent et s'entrechoquèrent. Des guirlandes de fleurs tombèrent en pluie du ciel, l'humanité possédait maintenant un espoir de délivrance.

Mâra revint pour le tenter, le supplia de demeurer dans les royaumes célestes du *nirvâna* loin des tâches fastidieuses de la prédication. Mais le Bouddha commença à enseigner l'Octuple Sentier.

Cette « dernière tentation de Gautamâ » a le mérite de mettre l'accent sur le sens réel de *nirvâna*, qui a donné lieu à nombre de confusions en Occident. Littéralement, il signifie « extinction », mais les Occidentaux, sous l'influence, peut-être, du philosophe Schopenhauer, ont tôt fait de comprendre ce terme comme « anéantissement ». En réalité, l'extinction des désirs et des illusions qu'atteint le Bouddha, n'impliquait pas une négation de la réalité, mais bien sa pénétration.

BODH GAYA

L'Arbre de Vie constitue un archétype universel, symbolisant une circulation continue d'énergie entre les racines et la cime, entre le Ciel et la Terre. Dans le christianisme, il est représenté à la fois par l'Arbre de la Connaissance et l'Échelle de Jacob. Dans les mythes nordiques, Yggdrasil est l'arbre géant qui soutient l'univers. Ici, l'Arbre de Vie est l'arbre sacré de Bodh Gaya devant lequel le Bouddha atteignit l'illumination. Il représente le centre de la roue du temps, de la vie et de la mort.

Statue du Bouddha méditant dans le sanctuaire de Bodh Gaya, site de l'arbre de la bodhi, *où le maître fit le vœu de rester immobile tant qu'il n'aurait pas atteint l'éveil.*

Les sermons du Bouddha

Différents portraits du Bouddha à Ajanta, dans le Mahârâshtra (Ve siècle).

Après son illumination, survenue à l'âge de trente-cinq ans, le Bouddha parcourut l'Inde du Nord pendant un demi-siècle, enseignant la Voie du Milieu à un nombre croissant de disciples, mais en ordonnant à ceux-ci de ne jamais l'idolâtrer. Il prêcha la nécessité de l'éveil, la fin de la souffrance et de l'ignorance, affirmant que cette voie était la seule.

Les enseignements du Bouddha étaient plus logiques que dogmatiques ; il encouragea ses disciples à découvrir des solutions fondées sur leurs propres expériences. Il réprouvait le système des castes et le rôle des *brahmanes*. Le *Dhammapada* (poème pali traitant de l'enseignement) lui attribue cette parole : « Un homme ne devient pas brahmane par la longueur de sa chevelure, par sa famille ou par sa naissance. L'homme en qui résident la vérité et la sainteté, et que la joie emplit, tel est le brahmane. » Si le Bouddha ne vénérait pas les dieux, il ne condamnait pas leur culte – mais il mettait en question toute foi qui ne conduirait pas à la fin de la souffrance.

Le Bouddha délivra son premier sermon - le « premier tour de la Roue de la Loi » - aux cinq ascètes avec lesquels il avait jeûné (voir p. 31) dans le Parc aux biches, à Sarnath, près de Bénarès. Ce sermon se fonde sur les Quatre Nobles Vérités : la vie est enracinée dans la souffrance (*duhkha*) ; la souffrance est issue du désir (*tanhâ*) de pouvoir, de bonheur et de longévité ; éliminer ce désir, c'est sortir de la souffrance et accéder au *nirvâna* ; pour faire disparaître ce désir, il convient de suivre l'Octuple Sentier.

Duhkha, traduit d'ordinaire par souffrance, dénote l'impermanence et l'imperfection. La vie est *duhkha*, à cause des « trois signes de l'impermanence » : vieillesse, maladie et mort (voir p. 30-31). Nous souffrons parce que nous cherchons la permanence, mais le Bouddha enseigne que rien n'est permanent. La vie n'est pas en soi une vallée de larmes, mais son impermanence la rend imparfaite à nos yeux.

La racine du désir est *avidyâ*, notre fausse conception de la nature de la réalité. Le Bouddha proclame la doctrine du *anatta* (non-moi), rejetant l'existence d'une âme ou d'un moi permanents. Ce faisant, il s'inscrit en faux contre l'affirmation fondamentale de la spiritualité indienne de son époque : l'existence d'un Moi profond, ou Soi (*âtman*) identique, en définitive, au Principe absolu (*brahman*). Le Bouddha désigne l'identification à l'ego comme la cause de la souffrance humaine. Ses enseignements offrent, par la voie de la méditation, des méthodes pratiques pour se libérer de l'illusion du moi.

L'OCTUPLE SENTIER

L'Octuple Sentier est au cœur de la pratique bouddhiste quotidienne. Il ne s'agit pas d'un rituel exécuté par quelque élite religieuse, mais d'un mode de vie accessible à tous. L'Octuple Sentier est fondé sur huit principes reliés entre eux : compréhension juste, intention juste, parole juste, action juste, mode de vie juste, effort juste, conscience juste et concentration juste (*samâdhi*). Suivre l'Octuple Sentier c'est atteindre le *nirvâna*, comme le Bouddha l'a promis aux êtres humains dans la dernière des Quatre Nobles Vérités. Mais la croyance en ces vérités n'est rien, et elles-mêmes ne sont rien, sans l'expérience personnelle et consciente du pratiquant.

LA VOIE DU MILIEU

La Voie du Milieu du Bouddha se tient entre les extrêmes de la volupté et de l'ascétisme. Siddhârtha fut éduqué comme un prince, protégé contre les cruautés propres à la vie, avant de rejoindre un groupe d'ascètes qui jeûnaient et mortifiaient leurs sens.

Dans cette peinture du XVIIIe siècle, le Bouddha prêche devant ses disciples au milieu des lacs, des forêts et des montagnes.

LE SERMON DE LA FLEUR

Le « Sermon de la Fleur » a fortement inspiré le bouddhisme zen. Lorsqu'il lui fut demandé de définir l'Éveil, le Bouddha resta silencieux et prit simplement une fleur. Les mots, selon son enseignement, désignent des objets et des idées qui nous sont familiers. La vérité et l'Éveil sont, eux, au-delà de notre compréhension.

Cette sculpture du Ve siècle, provenant de Mathura, montre l'Éveillé assis sur un trône, la main droite levée dans la mudrâ *de la « non-peur ». Les* mudrâs *sont l'un des véhicules symboliques de la pensée bouddhiste.*

Les stûpas

Le magnifique portail du stûpa *de Sanchi, Inde orientale (IIe siècle avant J.-C.)*

Les rigueurs du climat indien et l'usage prédominant du bois comme matériau de construction ne nous permettent guère d'imaginer ce que fut réellement l'architecture indienne avant les premiers siècles de notre ère. Toutefois, les temples sculptés dans la roche dès le IIe siècle avant J.-C. se révèlent remarquables par leurs dimensions et leur complexité. Les plus anciennes constructions de pierre sont probablement les *stûpas* bouddhistes (sépultures en forme de tertres). Ces dômes, souvent ornés de sculptures, dominèrent l'art bouddhique jusqu'au VIIe siècle, lorsque l'hindouisme supplanta le bouddhisme comme religion des dynasties gouvernantes.

Les premiers *stûpas* furent construits par l'empereur Ashoka au IIIe siècle avant J.-C. Avec tout le zèle d'un nouveau converti, Ashoka en fit bâtir à travers tout l'empire. Ces monuments, censés contenir des reliques du

LE SYMBOLE DU STUPA

Les artistes bouddhistes primitifs représentaient le Bouddha symboliquement, en se fondant sur les épisodes de ses vies légendaires. La base d'un *stûpa* est ainsi ornée de bas-reliefs raffinés montrant le pullulement de l'existence terrestre. Sur cette fondation symbolique était édifiée la sépulture en forme de dôme. Les deux structures étaient réunies par un mât central représentant l'arbre de Bodh Gaya, sous lequel le Bouddha accéda à l'éveil (voir p. 32-33). Un balcon carré au sommet du dôme représente la demeure céleste des trente-trois dieux, abrité chacun par un parapluie, symbole pré-bouddhique de la royauté.

À l'origine, les *stûpas* étaient des monuments construits en hommage au Seigneur Bouddha, mais ils incarnèrent plus tard les Trois Joyaux (*triratna*) : le Bouddha, la Loi (*dharma*) et la Communauté monastique (*sangha*).

Les yeux du Bouddha veillent sur les stûpas *du Népal et contemplent les quatre directions.*

Bouddha et de ses principaux disciples, symbolisent la voie bouddhiste de la libération.

Ashoka, dit-on, aurait fait construire entre mille et quatre-vingt-quatre mille *stûpas*, tous détruits, à l'exception peut-être de celui de Bhilsa. Le Grand Stûpa de Sanchi, bâti en Inde orientale, est sans doute le plus étonnant. Une partie de nos connaissances relatives à l'usage du bois dans l'architecture indienne primitive provient de l'étude des « arts imitatifs » qui décorent les portails de ce monument. En effet, les maçons copiaient les motifs utilisés par les menuisiers, motifs aujourd'hui disparus. Les épisodes de la vie du Bouddha sont ainsi représentés dans une série de panneaux sur les montants et les linteaux des portails de Sanchi. Le Bouddha lui-même est symbolisé indirectement par des trônes vides, des empreintes de pied et des formes emblématiques telles que la roue.

La vigueur et le sens du mouvement propres à ces sculptures ont peut-être inspiré l'art plus élaboré des dynasties Gupta et Pala, du IVe au VIIIe siècle. Le Bouddha fut alors représenté sous une forme humaine, en tant que Shâkyamuni, le prince historique qui trouva l'éveil et prêcha la nouvelle doctrine. Dans ces représentations, le Bouddha est souvent assis en « position du lotus », un demi sourire aux lèvres, personnifiant le sentiment de « *shânta* », état de complet apaisement du mental.

LES GROTTES BOUDDHIQUES

Les monuments rupestres étaient construits en introduisant de grands piquets de bois dans des trous creusés à flanc de falaise. Humidifiés, ces piquets gonflaient jusqu'à fendre la roche en blocs, lesquels étaient enlevés à l'aide de planches. Certains blocs étaient laissés en place pour être sculptés ou servir de colonnes, comme dans les temples de bois.

Ces sculptures des grottes d'Ajanta (Ve siècle) montrent le Bouddha enseignant (à droite) et reposant sans vie dans la posture de la « Grande Extinction » (ci-dessus).

Le Bouddhisme

Cette peinture murale du XIXe siècle, représentant le transport d'une branche de l'arbre de la bodhi, *symbolise l'expansion du bouddhisme* mahâyana.

Le bouddhisme *mahâyana* (« Grand Véhicule ») est apparu au Ier siècle av. J.-C., en opposition aux autres écoles de l'époque, qu'il engloba sous le terme péjoratif de *hînayana* (« Petit Véhicule »). De ces écoles, ne restent plus aujourd'hui que celles de *théravâda*, ou École du Sud, implantée au Shrî Lankâ et dans le Sud-Est asiatique (Birmanie, Cambodge, Laos, Thaïlande), ce qui fait que les termes *théravâda* et *hînayana* sont devenus quasiment synonymes.

Le *mahâyana* est la forme de bouddhisme la plus pratiquée en Chine, au Tibet, au Japon et en Corée. Synthèse des tendances contemplative et dévotionnelle de la religion indienne, il accorde à l'amour et à la compassion la même place qu'à la connaissance en tant que voie d'éveil.

Alors que les théravâdins mettent l'accent sur la vie monacale, excluant la possibilité qu'un laïque atteigne la libération, les mahâyanistes soutiennent que l'éveil est ouvert à tous ceux qui suivent la voie de la dévotion et de la contemplation.

Le *théravâda* honore la figure historique de Siddhârtha Gautama en tant que seul Bouddha et unique détenteur de la Vérité. Les mahâyanistes, par-delà sa forme matérielle, perçoivent le Bouddha comme une divinité transcendante dont Gautama n'était qu'une des nombreuses manifestations.

La compassion est le concept clé du mahâyana. Elle explique la dévotion

BOUDDHAS ET BODHISATTVAS

Nombre de mythes entourent les bouddhas et les *bodhisattvas*. En Chine, puis au Japon, le Bouddha historique fut vénéré en tant que Bouddha « céleste », sous le nom d'Amitâbha, créateur de la « Terre Pure » de Bouddha, sorte de paradis situé à l'Ouest. Amitâbha (ou Amida en japonais, d'où le nom de ce culte, « amidiste ») atteignit la bouddhéité lorsqu'il fit le serment de la rejeter s'il se montrait incapable de secourir ceux qui invoqueraient son nom. Amithaba est souvent représenté flanqué de deux *bodhisattvas*, Avalokitèshvara et Mahâsthamaprâpta. Avalokitèshvara est le plus compatissant des *bodhisattvas* – ses mille armes symbolisent sa quête inépuisable pour mener ses adeptes à la libération.

Tête d'un bodhisattva *(Uttar Pradesh, VIIIe siècle)*

fervente de ses adeptes, qui privilégient la dimension salvatrice du Bouddha.

Alors que les théravâdins pratiquent le refus du monde et se veulent les vainqueurs (*arhants*) de l'ignorance, les mahâyanistes rejettent cette voie comme égoïste et limitée. Et ils rappellent l'exemple du Bouddha lui-même qui refusa l'illumination personnelle lorsqu'elle lui fut offerte par le démon Mâra (voir p. 33).

L'idéal du *mahâyana* est celui du *bodhisattva*, le « Bouddha à venir », qui dépasse sa propre illumination en vue d'apporter le salut aux autres. Représentés comme des déités incomparables dans l'art bouddhique, les *bodhisattvas* sont censés avoir accumulé des mérites karmiques. Leur don ultime consiste à redistribuer ces mérites à leurs adeptes. Prier un *bodhisattva* avec une foi totale conduit automatiquement, dit-on, à une renaissance au paradis.

Selon la version mahâyaniste du sermon de Sarnath (voir p. 34), Siddhârtha s'adresse en ces termes à Maïtréya, le futur Bouddha qui attend de naître quelque cinq mille ans après la mort de son prédécesseur : « Après avoir entendu cette Loi et l'avoir accueilli avec joie, demeure toujours dans le bonheur… [et]… où règne cette parfaite doctrine, même un chef de famille devient un bouddha. » Selon les mahâyanistes, l'expérience du *nirvâna* (éveil) est identique à celle du vide (*shûnyatâ*) qui emplit l'univers. Les adeptes qui font l'expérience de la réalité du *nirvâna* peuvent devenir des bouddhas, à condition qu'ils suivent les voies de la contemplation et de la compassion.

Cette sculpture du IVe siècle (Gandhara, Pakistan) représente Maïtréya, le futur Bouddha, sous l'aspect d'un prince.

Le jaïnisme

Le mot « jaïn » vient du sanskrit *jina*, signifiant « victorieux », épithète donnée aux vingt-quatre *Tîrthankaras* ou « Passeurs » (voir p. 42-43), qui, par leur seule ascèse, ont surmonté leurs désirs pour se délivrer du cycle sans fin des renaissances. L'objectif du jaïnisme, la plus ascétique des religions de l'Inde, n'est pas la glorification d'un dieu absolu, mais bien l'accès à la perfection par un abandon progressif du monde matériel. Il prône une forme extrême d'*ahimsâ* (non-violence), laquelle exige que toute créature vivante soit protégée.

Le Sarunjaya, dans le Gujarat, « la colline qui conquiert les ennemis », est l'une des cinq montagnes sacrées du jaïnisme shvétâmbara.

Les digambaras, *ou moines « vêtus de ciel », sont l'une des principales sectes jaïns. Ils rejettent toute possession et ne portent pas de vêtements.*

LES MOINES VÊTUS DE CIEL

Le Ier siècle avant J.-C. vit un schisme entre les digambaras (« vêtus de ciel ») et les shvétâmbaras (« vêtus de blanc »). Les premiers croient que les ascètes doivent être nus afin d'imiter Mahâvîra, et de vivre en parfait accord avec le principe de non-violence. Ils estiment, en outre, que le port de vêtements encourage le désir de possession. Les shvétâmbaras, eux, portent certains vêtements et acceptent la possibilité de la délivrance pour les femmes jaïns, presque deux fois plus nombreuses que les hommes.

Mahâvîra, le dernier des vingt-quatre « Passeurs », fut le plus grand des ascètes jaïns. Il allait nu sans se préoccuper de dormir, de boire ou de manger. En s'inspirant de sa vie et en détruisant tout lien avec le monde matériel, les moines et les nonnes jaïns espèrent le suivre sur la voie de la libération. Les Écritures jaïns énoncent les dix raisons du renoncement – de la colère à la mémoire des vies antérieures – qui conduisent hommes et femmes à l'initiation (*dikshâ*).

Dans cette initiation, l'adepte s'arrache les cheveux en vue de signifier son nouvel état d'ascète et son renoncement à la sexualité. Bien que les Écritures jaïns évoquent des moines nus arrachant leurs cheveux par poignées, nombre d'initiés, aujourd'hui, se rasent simplement la tête avant le rituel, ne laissant subsister que quelques petites touffes plus faciles à arracher. Après avoir rejoint son ordre, l'ascète prend ses cinq « grands vœux » (*mahâvratas*), dont le premier est celui de la non-violence. Il

LES TEMPLES JAÏNS

L'Inde occidentale est renommée pour ses nombreux temples dédiés à différents maîtres par des marchands jaïns fortunés. Les communautés jaïns ont encouragé la construction des temples même sous le joug moghol des XVIe et XVIIe siècles. Ces monuments comptent parmi les plus riches de l'Inde.

Construit presque entièrement en marbre blanc, Ranakpur (XVIe siècle) est le temple jaïn le plus remarquable du Rajasthan, notamment pour ses colonnes délicatement ouvragées (à gauche) – 1444 au total – et son dôme (ci-dessus) qui s'élève au-dessus de la salle centrale en face du sanctuaire principal.

jure de ne jamais tuer aucune forme vivante et de s'abstenir de toute brutalité.

La non-violence jaïn gouverne chaque aspect de la vie quotidienne. Toute parole, toute pensée agressive doivent être bannies. L'ascète doit inspecter sa nourriture afin de ne pas avaler involontairement de créature vivante. En marchant, il veille à ne rien écraser sous ses pieds. Il se sert d'un balai pour écarter les insectes de son chemin et porte un masque pour ne pas ingérer d'organismes minuscules. Les ascètes jaïns ne doivent préparer aucune nourriture et veiller à ne boire que de l'eau préalablement filtrée.

Les autres vœux du jaïn concernent la prohibition du mensonge, du vol, de l'acte sexuel et de la possession de tout bien matériel. Mais ces renonciations ne s'appliquent dans toute leur rigueur qu'aux moines itinérants, les laïcs les vivant d'une façon adaptée à leur situation sociale – parfois élevée (voir plus haut). Le jaïnisme, qui met plus fortement encore que l'hindouisme, l'accent sur la notion de karma, a inspiré une littérature religieuse remarquable (voir p. 44-45).

Les passeurs

Les jaïns reconnaissent vingt-quatre *tîrthankaras*, ou « Passeurs », comme leurs maîtres historiques. Ceux-là ont atteint la parfaite sagesse (*kévala*) en brisant tous leurs liens avec le monde. Chaque *tîrthankara* appartenait - comme le Bouddha – à la caste des *kshatriyas* (rois et guerriers). À l'exception de Parshva et de Mahâvîra, il s'agit de figures légendaires venues du lointain passé de l'humanité.

Chaque *tîrthankara* apparaît à une époque déterminée par le « mouvement de la roue » (*avasarpini*) des âges du monde. Lorsque cette roue descend, leur influence sur terre diminue. Les premiers *tîrthankaras* étaient des géants fabuleux aux vies incommensurablement longues. Le premier, Rishaba, aurait vécu des millions d'années.

Statue colossale de Gommatèshvara, fils de Rishaböa, le premier « Passeur », à Shravana Belgola, en Inde du Sud. Durant la fête de Mastâkâbhishéka, elle est couverte de lait, de safran et de ghî (ci-dessus). Il s'agit d'une des plus grandes statues sur pied du monde (18 m), comme le montre la taille du fidèle qui dispose des offrandes à ses pieds (ci-dessous).

Mahâvîra, au contraire, eut une vie normale d'être humain.

Mahâvîra, fondateur du jaïnisme moderne, était un contemporain du Bouddha (voir p. 30-31). Tous deux, de noble naissance, ont renoncé au monde pour errer aux côtés des ascètes. C'est après la mort de ses parents que Mahâvîra quitta son épouse et sa famille pour vivre en moine itinérant, dans un groupe de disciples du précédent *tîrthankara* (voir ci-dessous). Il mourut à 72 ans, après avoir donné un enseignement que l'on retrouve dans les Écritures jaïns.

Comme les enseignements du Bouddha, la doctrine de Mahâvîra est fondée sur le dépassement du désir, de la souffrance et de la mort, mais alors que le Bouddha prône la Voie du Milieu (voir p. 34-35), Mahâvîra défend l'ascétisme le plus rigoureux et le rejet total du monde. Il est vénéré comme le « plus grand conquérant » de l'esprit et du corps.

La statue de Gommatèshvara, érigée au Xe siècle, tient une place centrale dans le culte des jaïns digambaras.

PARSHVA

Le vingt-troisième *tîrthankara*, dit-on, vécut quelque deux-cent cinquante ans avant la naissance de Mahâvîra. Pour atteindre l'omniscience, il s'assit « vêtu de ciel » dans la posture d'« abandon du corps ». Alors le démon Méghamalî l'attaqua, empruntant différentes formes : bêtes féroces, ténèbres, tempêtes et pluies, mais Parshva resta immobile. Lorsque le démon lui-même fondit sur l'ascète, le roi-serpent Dharanândra et son épouse Lakshmî surgirent de terre pour le protéger, et Méghamalî terrifié s'envola.

Parshva assis sur le roi-serpent (manuscrit en feuille de palme du Gujarat, XVe siècle)

Le karma jaïn

Ces sculptures dorées dans le temple de Kanch Mandir, à Indore, Madhya Pradesh, figurent les maîtres jaïns qui atteignirent la délivrance en « brûlant » leur karma.

Le *karma*, chose étonnante, est perçu par les jaïns comme une entité matérielle, une poussière subtile qui obstrue l'âme, l'attachant au corps. Nombre de vies sont requises pour affranchir l'âme de cette poussière karmique. Selon les jaïns, l'âme (*jîva*) est une énergie incarnée dans toutes les formes de vie : êtres humains, animaux et même plantes.

Originellement pure et omnisciente, elle est polluée par la succession des corps et des *karmas*. La non-âme (*ajîva*) désigne la substance inanimée, qu'elle soit matérielle ou non. Elle comprend le temps et l'espace, au sein desquels l'âme lutte pour s'arracher à la matière.

L'objectif ultime de l'individu, accessible seulement après nombre de réincarnations, est l'éveil, la libération de l'âme. Puisque le karma est ici le résultat d'actions négatives (notamment la violence, en pensée, en parole ou en acte), il est possible d'éviter l'intrusion de

LES HUIT KARMAS

Il existe huit formes de *karma*, dont quatre sont nuisibles. Le *karma* trompeur (*mohaniya*) provoque l'attachement aux idées fausses. La confusion spirituelle et mentale est engendrée par le *karma* qui dissimule la connaissance (*inanvaraniya*). Le *darshanavaraniya* obscurcit la foi tandis que l'*antaraya* entrave l'énergie de l'âme.

Les quatre autres *karmas* sont celui du sentiment (*védaniya*), gouvernant le bonheur de l'âme ; celui du nom (*nâma*), décidant des renaissances futures ; celui de la vie (*âyus*), dirigeant l'existence individuelle, et celui du clan (*gotra*), déterminant le statut social.

nouvelles « particules » karmiques en rejetant de telles actions. Le *karma* déjà acquis doit être éliminé par le processus du *nijara*, ascèse fondée sur le jeûne et la mortification, et la stricte observance des Trois Joyaux : action juste, foi juste et connaissance juste.

Bien que les premiers textes jaïns affirment que tout acte de violence, fût-il involontaire, attire la poussière karmique, le jaïnisme moderne considère qu'un acte est négatif seulement s'il est « accompli sans attention » (*pramada*).

L'existence d'un laïque jaïn est perçue comme une préparation aux rigueurs de sa vie monacale future, lesquelles culminent dans le jeûne rituel (*sallekhana*), destiné à affiner l'état de l'âme dans la prochaine vie. L'âme renaît continuellement, jusqu'à ce que la dernière souillure karmique soit balayée. Alors le jaïn atteint son objectif final : la délivrance (*moksha*).

LA PLUS HAUTE VERTU

Puisque toutes les formes de vie abritent une âme (*jîva*), elles sont toutes dignes de respect et de compassion. Dans le jaïnisme, la plus haute vertu est la non-violence (*ahimsâ*), l'abstention de tout acte qui puisse blesser un être vivant.

Comme ils possèdent les mêmes sens que nous, les animaux sont dotés d'une âme et de la possibilité de contrôler leur comportement. Outre leur régime strictement végétarien, les jaïns construisent des abris spécifiques où les animaux malades sont soignés jusqu'à ce qu'ils meurent naturellement.

Le *jîva* réside aussi dans le royaume végétal, et les plantes sont censées partager certaines caractéristiques de la vie humaine – sensibilité à l'environnement, voire conscience. Les jaïns s'abstiennent de consommer des fruits à pépins, et des nourritures ou des boissons ayant subi une transformation, comme l'alcool fermenté.

La non-violence guide le choix d'une carrière pour les laïques – aussi nombre de jaïns excellent-ils dans le commerce et la finance. Leur ascétisme implique alors qu'ils épargnent la plus grande partie de ce qu'ils gagnent.

Gandhî (voir p. 150-151), lui-même issu du Gujarat, foyer de la communauté jaïn depuis le IIIe siècle, fut grandement influencé par la doctrine de la non-violence. Il en usa comme d'une stratégie politique efficace, adoptant la devise jaïn : « La non-violence est le plus haut devoir religieux » (*ahimsâ paramo dharma*) dans sa campagne pour les droits civils.

Cet ascète shvetâmbara porte un masque pour éviter d'aspirer, et donc de tuer, de minuscules organismes. Il tient également une époussette pour écarter les insectes de son chemin.

Les formes de Vishnou

L'hindouisme est surtout connu pour ses deux grandes épopées, le *Râmâyana* et le *Mahâbhârata*, récits extraordinaires qui célèbrent les deux plus fameuses incarnations (avatars) du dieu Vishnou. À partir de 500 av. J.-C., les épopées populaires – qui contaient les exploits amoureux et guerriers d'une nouvelle race de dieux – remplacèrent les *Védas*. De nouvelles croyances virent le jour, fondées sur la dévotion fervente et l'action désintéressée.

De ces textes, notamment des *Purânas*, émergea la *trimûrti*, la trinité hindoue : Brahmâ, le Créateur ; Vishnou, le Préservateur ; et Shiva, à la fois Créateur et Destructeur. La popularité de Vishnou et de Shiva excède largement celle de Brahmâ, et c'est dans le *Râmâyana* et le *Mahâbhârata* que le culte de Vishnou atteint son apogée. Le *Râmâyana*, toujours vivant en Inde, conte l'histoire de Râma, le septième avatar de Vishnou, un héros dont le sens de l'honneur et du devoir surpasse même l'amour qu'il éprouve pour Sîtâ. Le *Mahâbhârata*, histoire d'une guerre entre deux dynasties, est probablement le plus long poème jamais composé. L'un de ses passages les plus célèbres est la *Bhagavad-Gîtâ*. L'action est centrée sur le huitième avatar de Vishnou, Krishna, amoureux espiègle et habile tacticien, le plus aimé des dieux indiens.

Krishna, le huitième avatar de Vishnou, est le symbole le plus éclatant du courant dévotionnel qui a marqué la période classique de l'Inde. Cette miniature du XIX*e siècle, extraite du* Bhâgavata Purâna, *le représente en dieu berger, protégeant son troupeau contre le démon Aghâsura.*

La trimûrti

L'ensemble impressionnant de dieux et de démons du panthéon hindou – quelque 330 millions – provient de deux sources : les divinités védiques et la spéculation intellectuelle des *Upanishads*. Toutefois, du IVe au XIIe siècle, se développa une religion plus populaire, fondée sur les *Purânas* et centrée sur la *trimûrti* de Brahmâ, de Vishnou et de Shiva.

Le mot *trimûrti* désigne plus qu'une simple triade de dieux, et n'est pas sans analogie avec la notion chrétienne de Trinité. Pour Shankara (voir p. 125), l'Absolu, le *brahman*, peut s'analyser en Être (*Sat*), Conscience (*Cit*) et Béatitude (*Ânanda*). Cette vision ternaire du divin, qu'exprime dans un autre ordre la *trimûrti*, a beaucoup intéressé des penseurs chrétiens comme Henri Le Saux.

Brahmâ, le plus abstrait des trois dieux, est le créateur de l'univers. Il est souvent considéré comme une fusion de Prajâpati, divinité créatrice des *Védas*, et du concept impersonnel de *brahman* (divin). Brahmâ est aussi celui qui « apporte la diversité dans l'unité », le médiateur entre Vishnou et Shiva.

Vishnou (le Préservateur), protecteur du *dharma* (justesse), est une divinité solaire qui combat pour le bien et descend sur terre en vue d'aider l'humanité. Ses deux plus fameuses incarnations, ou avatars, sont Krishna et Râma, les héros du *Mahâbhârata* (voir p. 56-57) et du *Râmâyana* (voir p. 52-53).

Shiva (l'Auspicieux), simultanément destructeur et créateur, est le Seigneur du Yoga, adoré en tant que *linga* (voir p. 66-67), dont la danse, ponctuée par son propre tambour, rythme l'univers. En raison de son aspect destructeur, il est le plus ambivalent des trois dieux de la *trimûrti*.

Tout comme l'*âtman* reflète le *brahman*, le panthéon hindou incarne les formes multiples par lesquelles le brahman doit se manifester dans le monde matériel. Les dieux agissent au sein même du monde, répondant aux prières, luttant contre le mal ou détruisant l'illusion (*mâyâ*). Puisqu'ils forment chacun un aspect du *brahman*, un fidèle peut choisir n'importe lequel d'entre eux comme objet principal de sa vénération.

L'*ishta* (dieu personnel) d'un adepte est adoré en tant que manifestation du divin. Bien que chaque dieu ou déesse possède pouvoirs et attributs particuliers, il ne saurait être distinct des autres. Pour un hindou, il n'y a rien d'hérétique dans le fait de proclamer que chacun de ces dieux est le Seigneur de l'Univers.

Vishnou apparaît sous de nombreux aspects Cette statue en plâtre du Tamil Nadu le représente sous la forme du premier avatar, *le poisson, ou Matsya.*

Les trois dieux de la trimûrti *sont toujours accompagnés par des déesses. Cette sculpture du XIIe siècle (Rajasthan) représente Sarasvatî, l'épouse de Brahmâ.*

BRAHMÂ

Brahmâ, le créateur, est un dieu important, malgré le petit nombre de ses adeptes et des temples qui lui sont consacrés. Après avoir créé l'univers, il s'en est retiré, laissant à Vishnou le soin de le préserver - ce qui explique peut-être son manque d'attrait. Brahmâ est souvent représenté avec quatre têtes tournées vers les quatre points cardinaux, ses quatre mains tenant les quatre livres des *Védas*. Ces têtes, d'ordinaire couronnées et barbues, lui donnent l'apparence d'un vieux sage empli de compassion. Il se tient parfois sur un lotus qui surgit du nombril de Vishnou.

Statue de Brahmâ au temple de Halebid, dans le Karnataka (XIIe siècle). Trois de ses têtes sont visibles.

LES PURÂNAS

Avec les *Védas*, les *Purânas* (« Antiquités ») comptent parmi les grands textes sacrés hindous. Ils furent rassemblés entre le IVe et le XIIe siècles, mais leur origine est bien plus ancienne. Attribués au sage Vyâsa, l'auteur supposé du *Mahâbhârata* (voir p. 56-57), les *Purânas* contiennent nombre de récits mythologiques, desquels proviennent la plus grande partie du panthéon et des épopées de l'hindouisme. Ils dressent la liste de dynasties entières, descendant à la fois de Manu, l'ancêtre mythique de la race humaine, et des héros du *Mahâbhârata*.

Les *Purânas*, écrits dans un langage simple, énumèrent les pèlerinages et les lieux sacrés, spécifient les relations entre les castes et donnent des instructions relatives à la représentation des images divines.

Cette simplicité de langage, chose capitale, les rendait accessibles aux femmes et aux membres des basses castes, lesquels n'avaient pas le droit de lire les *Védas*, réservés aux brahmanes.

Les dix-huit principaux *Purânas* sont consacrés à la *trimûrti*. Vivier mythologique des contes classiques de l'Inde, ils sont également à l'origine de concepts théologiques plus abstraits tels que le *dharma*, le *karma* et l'*âtman*.

Les avatars de Vishnou

Dans les *Védas*, Vishnou est le jeune partenaire du grand dieu Indra. Mais il accomplit déjà son plus fameux exploit : « mesurer » l'univers en trois immenses enjambées et le déclarer propriété des humains. Ce pouvoir et cette omnipotence furent mis en œuvre dans d'autres récits, tant et si bien que Vishnou finit par dépasser en puissance Indra et même par lui prêter secours.

Les *Purânas* décrivent Vishnou comme le Seigneur de l'Univers et le Protecteur de l'Humanité. Ses attributs sont le disque (*chakra*), la conque (*shanka*), la massue (*gada*) et le lotus (*padma*). Son épouse est Lakshmî, la sublime déesse de la richesse, de l'honneur, de la foi et de l'amour, assise sur un lotus.

Mais Vishnou est surtout connu pour ses dix *avatars* (littéralement « descentes »), incarnations destinées à secourir l'humanité dans sa lutte contre les ténèbres. Les *avatars*, dont le nombre exact est en fait fluctuant, et dont le Bâghavata Purâna déclare même qu'ils sont innombrables, sont des interventions divines destinées à rétablir sur terre le *dharma*, et correspondent parfaitement à la fonction protectrice de Vishnou. Les trois premiers *avatars* (Matsya, le poisson, Kûrma, la tortue et Varâha, le sanglier) sont des créatures mythologiques, figurant dans les récits cosmogoniques des *Védas*. Le quatrième *avatar*, Narasimha, l'homme-lion, protégea le monde contre un épouvantable démon ; le cinquième, Vamana, n'est autre que le nain qui parcourut l'univers en trois enjambées.

Le sixième *avatar*, Parashurâma, « Râma à la hache », extermina nombre de barons et de guerriers arrogants. Sa présence reflète peut-être les luttes pour le pouvoir entre les brahmanes et les *kshatriyas*. Râma et Krishna, les sixième et septième *avatars* de Vishnou, sont les héros magiques du *Râmâyana* (voir p. 52-53) et du *Mahâbhârata* (voir p. 56-57). Par leur truchement, Vishnou devient le seigneur et le protecteur de l'humanité.

Le neuvième *avatar* est le Bouddha, en dépit des différences d'enseignement. La présence du Bouddha montre la capacité de l'hindouisme à évoluer en absorbant et en redéfinissant toute doctrine rivale. D'ailleurs, pour certains hindouistes, Jésus lui-même est un *avatar* de Vishnou, et les missionnaires chrétiens ont eu bien de la peine à lutter contre cette assimilation, abusive à leurs yeux.

Kalki, le futur *avatar*, apparaîtra à la fin de ce monde pour punir les méchants, récompenser les pieux et réintégrer l'univers dans le *brahman*.

GARUDA

La monture de Vishnou est l'aigle Garuda. Comme Nandî, le taureau de Shiva, Garuda est invoqué comme une divinité, capable de protéger les mortels contre les démons. À l'humanité il offrit le *soma*, le nectar d'immortalité qu'il déroba aux dieux.

Dans cette illustration du XVIIIe siècle, Garuda, monté par les avatars *armés de Vishnou, vole au secours des humains.*

Sur les portes à panneaux du temple de Swâminarâyana, à Buj dans le Gujarat, sont peints les dix avatars de Vishnou ; au-dessus, se tient Krishna, debout sur un lotus et flanqué de deux vaches.

Le Râmâyana

Le *Râmâyana*, l'une des plus grandes épopées sanscrites, a contribué à la naissance d'une religion plus dévotionnelle. Illustrant l'éthique des *kshatriyas* plutôt que le ritualisme brahmanique, il demeure aujourd'hui une source d'enseignement populaire, à travers lectures publiques et pièces de théâtre. Il est même reconnu par les bouddhistes et les jaïns, et demeure l'un des textes traditionnels les plus respectés au monde.

Le cœur de l'épopée, conte profane récité à l'origine par des bardes dans les cours royales, date du IVe siècle avant notre ère. L'action principale concerne le prince Râma, qui doit délivrer, après de multiples tribulations, son épouse Sitâ, enlevée par des tribus de la forêt, symbolisées par le démon Râvana. Au fur et à mesure des siècles, les éléments religieux du conte furent affinés, de sorte que Râma, son héros, se métamorphosa en une divinité guerrière, la septième incarnation du dieu Vishnou.

Les liens du *Râmâyana* avec la religion védique restent toutefois puissants. Ses strophes – au nombre de 24 000 ! – honorent les prêtres, et le sacrifice du cheval (voir p. 17) tient une part importante dans le récit. Comme les *Védas* (voir p. 16-17) et le *Mahâbhârata* (voir p. 56-57), le *Râmâyana* est un récit révélé par voie divine. Le poète Vâlmikî, son créateur mythique, joue un rôle actif dans le texte. Selon la légende, il se retira dans une forêt où, durant mille ans de méditation, son corps fut recouvert par une fourmilière (*v almika*) – d'où son nom, qui signifie « fils de la fourmilière ».

Le récit du *Râmâyana* montre clairement l'influence d'éléments védiques essentiels. Râma y est associé au glorieux roi solaire Indra. Tout comme ce dernier – et au contraire d'Arjuna, le héros indécis du *Mahâbhârata* –, il n'hésite jamais à prendre son arc et trace clairement la frontière entre le bien et le mal.

La foule se rassemble à Ramnagar, près de Bénarès, durant les dix jours de représentation de la Râmalîlâ.

LA RÂMALÎLÂ

La fête de Dasahra célèbre la victoire de Râma sur Râvana et son armée de démons. Durant neuf jours, l'épopée de Râma et de Sîtâ, contée à travers toute l'Inde, est jouée dans la *Râmalîlâ*, qui mêle musique et danse. Cette célébration culmine avec la délivrance de Sîtâ. D'énormes statues en papier de Râvana, de son frère Khumakarna et de son fils Maghanada, remplies de pétards et promenées à travers les rues, explosent lorsqu'elles sont allumées par une statue incandescente de Râma.

Cette effigie en papier peint, confectionnée à Delhi, représente le roi-démon Râvana, le grand ennemi de Râma.

RÂMA ET SÎTÂ

Dans le *Râmâyana*, les actes de Râma sont gouvernés par le *dharma*, la loi irréfutable qui fonde l'ordre cosmique et social. Bien que le *Râmâyana* soit un conte guerrier, il exalte aussi des principes éthiques, destinés à guider l'homme dans les affaires du monde.

Râma est une figure idéalisée, roi, guerrier et mari parfait. Fils aîné du bon roi Dasharata, il prend Sîtâ – symbole de la pureté – pour femme. Mais à la veille de son couronnement, il se voit refusé le trône par son père, et exilé pendant quatorze années. Râma agit toujours selon l'honneur ; en accord avec le *dharma*, il obéit à son père, qui finira par mourir de chagrin. Il s'enfonce dans la jungle avec Sîtâ, remplissant son devoir en protégeant les ermites contre les démons. Le plus grand d'entre eux, Râvana, enlève Sîtâ et l'emporte à Shrî Lankâ. Râma la recherche des années durant. Le récit culmine avec la délivrance finale de Sîtâ, quand Râma et son allié singe Hanuman (voir p. 54-55) détruisent la capitale du royaume démoniaque. Bien que les amants soient réunis, Râma, qui fait passer le *dharma* avant son propre intérêt, bannit Sîtâ. En effet, quoique celle-ci soit restée pure, elle a été déshonorée par la compagnie de Râvana. Loyale envers son époux, Sîtâ prie la terre de l'engloutir. Râma reste seul avec sa douleur avant de se sacrifier lui aussi.

Les scènes du Râmâyana *sont l'un des sujets favoris de la peinture indienne : Râma et Sîtâ en exil, avec Hanuman à leurs pieds (ci-dessus) ; le siège de Shrî Lankâ (ci-contre), miniatures mogholes du* XVIIᵉ *siècle, National Museum (Delhi).*

Hanuman

Hanuman, le singe du *Râmâyana*, est le plus dévoué serviteur de Râma. Incarnation de la *bhakti* (dévotion), il sacrifie joyeusement sa vie à son dieu. Fils de Vâyu, le dieu védique du vent, il a hérité de la force des ouragans et du pouvoir de voler. Hanuman possède aussi la capacité de se métamorphoser à volonté.

Après sa naissance divine, Hanuman grandit en force et en sagesse, détruisant les démons, tuant les éléphants sauvages, et cherchant même à s'emparer du soleil levant comme d'une pomme. Un jour, alors qu'Hanuman et son maître, le roi singe exilé Sugriva, se cachent dans la forêt, ils rencontrent Râma et son frère Lakshmana. Râma leur apprend qu'il est à la recherche de Sîtâ, enlevée par Râvana. Profondément ému, Hanuman comprend que sa destinée est de servir Râma.

Ayant découvert la cachette du démon à Shrî Lankâ, il prend la forme d'un singe ordinaire pour entrer librement dans le palais de Râvana. Là, il trouve Sîtâ assise dans un jardin et entourée de démones. A la vue de ce singe parleur, elle défaille, mais Hanuman lui montre l'anneau que lui a donné Râma. Quand il lui propose de s'échapper en volant sur son dos, Sîtâ refuse par respect pour son mari, dont l'honneur serait souillé si elle était sauvée par un autre que lui.

Préparant la bataille finale, Hanuman se moque de Râvana, abattant les murailles de la ville et exterminant des centaines de gardes. Pour

Un comédien masqué conte les exploits d'Hanuman dans une représentation du Râmâyana.

se venger, le roi met le feu à la queue du singe, qui se transforme aussitôt en géant. Celui-ci court à travers la cité, enflammant les maisons, avant de porter à Râma un message de Sîtâ. Pour finir, Hanuman et son armée de singes anéantissent Lankâ et Râvana, et Sîtâ retrouve son seigneur.

Lorsque Râmânanda, au XIVe siècle, popularisa le courant dévotionnel (*bhakti*) en Inde du Nord, Hanuman devint l'un des dieux principaux. Les adeptes de Râmânanda (littéralement : « celui qui met sa joie dans Râma ») adorent Râma comme le dieu suprême – aujourd'hui encore, Râma est pour beaucoup d'Indiens le dieu personnel. Les *râmânandis* honorent aussi Hanuman comme le plus fidèle serviteur de Râma.

En raison de son pouvoir de transformation, Hanuman est reconnu comme le maître des *siddhas*. Ceux-ci sont souvent pris pour des « magiciens », mais leur nom signifie plutôt qu'ils sont « réalisés », et qu'ils ont réussi, grâce aux pratiques tantriques, à éveiller leur énergie intérieure (*shakti*, voir p. 102).

Cette gravure du XVIIIe siècle, qui dépeint la bataille entre Râma et Râvana, montre Hanuman en pleine action.

LE CŒUR D'HANUMAN

Dans le chapitre final du Râmâyana, la dévotion d'Hanuman envers Râma prend une nouvelle dimension. Après la triomphale victoire sur Lankâ, l'armée des singes se prépare à retourner chez elle. Hanuman déclare qu'il doit rester pour servir Râma et Sîtâ. Sugriva, le roi singe, demande à Hanuman une preuve de sa dévotion, sur quoi le plus loyal de tous les fidèles ouvre sa propre poitrine, où résident les images de Râma et Sîtâ.

Hanuman ouvre sa poitrine, dans laquelle sont dissimulés Râma et Sîtâ (statue de plâtre contemporaine).

Le Mahâbhârata

Cette peinture moderne représente le Combat des Princes, un épisode du Mahâbhârata.

Le *Mahâbhârata* (« Grande épopée de la dynastie des Bhârata ») était à l'origine intitulé Jaya (« Victoire »). Comportant plus de cent mille strophes, soit plus de trois fois le volume de la Bible, il s'agit peut-être du plus long poème jamais composé. Probablement commencé vers le IVe siècle avant notre ère, il ne fut achevé qu'à la fin de la dynastie Gupta, au IVe siècle après J.-C. Une grande partie du récit remonte toutefois à la période védique, puisque Indra, le dieu du soleil, est mentionné plusieurs fois dans les passages les plus anciens du texte.

Entremêlé avec la narration, on trouve dans le *Mahâbhârata* toutes sortes de légendes, de considérations métaphysiques, de règles morales et légales.

L'exemple le plus caractéristique de cette interprétation du récit et de la symbolique religieuse est certainement le rôle attribué à Krishna (voir p. 62-63). Il apparaît dans l'épopée comme un allié des Pandavas. Combattant à leurs côtés, il ressemble plus à un guerrier surnaturel qu'à un dieu, mais il grandit en stature jusqu'à devenir finalement l'instructeur divin de l'humanité.

Selon la légende, le *Mahâbhârata* fut entièrement dicté par Vyâsa à Ganèsha, le dieu à tête d'éléphant (voir p. 72-73), qui y mit toutefois une condition : il n'accepta d'écrire que si le récit lui était révélé d'une seule traite, sans la moindre pause. Et, quelle que fût la vitesse de Vyâsa, Ganèsha garda le rythme. À un moment, il dut même briser une de ses défenses pour remplacer son stylet endommagé, afin de ne pas interrompre le flux des mots sacrés. Les passages spéculatifs étaient, semble-t-il, autant de tentatives pour ralentir Ganèsha, le forçant à s'interroger chaque fois que le sens devenait énigmatique.

L'intrigue centrale du *Mahâbhârata* concerne deux dynasties rivales, les Pandavas et les Kauravas, mais cousines, puisqu'elles descendent des deux fils de Vyâsa : Dhritarashtra et Pandu. Bien que Dhritarashtra, aveugle, soit l'aîné, c'est le pieux Pandu qui devient roi. Ce dernier a cinq fils : Yudhishthira, le juste ; Bhima, le féroce ; Arjuna le guerrier et les jumeaux Nakula et Sahadéva. Dhritarashtra, lui, a cent fils, dont le plus vieux est le rusé Duryodhana.

Lorsque Pandu meurt, Dhritarashtra,

son frère, prend les fils des Pandavas dans son propre palais. Puis, il partage le royaume entre Yudhishthira et Duryodhana. Ce dernier ne peut supporter qu'une partie des terres revienne aux Pandavas, dont il est jaloux. Par ruse, les Pandavas sont forcés à l'exil, et doivent attendre treize ans avant de pouvoir reprendre leur royaume. S'ensuit une terrible guerre, conduisant à la destruction complète des deux familles, excepté un survivant qui sauvera la dynastie. Cette guerre forme la toile de fond de la *Bhagavad-Gîtâ*.

VYÂSA

L'auteur légendaire du *Mahâbhârata*, le sage Vyâsa (dont le nom en sanskrit signifie « compilateur »), se glorifiait ainsi : « Tout ce qui n'est pas [dans ce livre] n'existe nulle part. » Vyâsa était le fils de l'ascète Parasara et de la princesse Satyavatî. Appelé l'« Homère de l'Orient », il composa, dit-on, outre le *Mahâbhârata*, les dix-huit *Purânas* (voir p. 49), et rassembla également les quatre *Védas* (voir p. 16-17). Il était également prêtre et instructeur.

Sous ce nom se cachent sans doute les nombreux brahmanes qui ont travaillé sur le texte à travers les siècles. Vyâsa joue toutefois un rôle central dans le récit. Père de quelques personnages de l'épopée, il intervient souvent au cours de la narration pour guider ou consoler les protagonistes.

Dans ce manuscrit du XVIIIe siècle, Vyâsa apparaît comme un sage barbu, dictant le Mahâbhârata *à Ganèsha, entre Durgâ (en haut) et Brahmâ (en bas).*

La bhakti

Dans cette peinture du XIXe siècle, l'amour de Krishna pour Râdhâ symbolise la bhakti.

La *bhakti* (en sanskrit, « dévotion respectueuse ») met l'accent sur l'amour de l'adepte envers son dieu. Fondée sur une relation dualiste entre l'adorateur et l'Adoré, elle influence particulièrement le culte de Krishna, un avatar de Vishnou. Dans la *Bhagavad-Gîtâ* (voir p. 60-61), Krishna enseigne le *bhakti-yoga* (« la voie de la dévotion »), qu'il place au-dessus de toutes les autres disciplines. Il déclare à ses fidèles : « À ceux qui me vénèrent, j'accorde les lois de la connaissance. »

Ce mouvement, né dans le sud de l'Inde, atteignit son apogée entre le VIe et le XIVe siècles. Sa caractéristique principale est l'adoration, exprimée sur les modes de l'amour, du désir ardent et de l'extase. Les cultes de la *bhakti* s'opposent aux rituels brahmaniques complexes, lesquels exigent la connaissance du sanskrit. Ils rejettent les prêtres en tant qu'intermédiaires, enseignant au contraire que la grâce divine est accessible à chacun, quel que soit son sexe ou sa caste. Ainsi des groupes de fidèles voyagent-ils à travers tout le pays, visitant les sanctuaires, chantant des hymnes dévotionnels et engageant le débat avec les sages.

Toutes les sectes de la *bhakti* partagent la doctrine fondamentale de la grâce divine et de l'amour extatique. Ce faisant, elles s'éloignent de la notion impersonnelle de *brahman*, et leur spiritualité n'est pas sans lien avec celle des croyants monothéistes. Leurs textes expriment un désir de rédemption évoquant la théologie chrétienne. À l'instar du Nouveau Testament, ils enseignent que l'amour du divin passe par l'amour du prochain, quel que soit son statut social. Mais au contraire de l'Église, ils accordent le sacerdoce aux femmes.

Les adeptes de la *bhakti* s'opposèrent au jaïnisme et au bouddhisme, dont ils précipitèrent le déclin vers le Xe siècle. L'arrivée des musulmans dans le bassin du Gange à l'orée du XIIe siècle favorisa paradoxalement le développement de la *bhakti*, dont les adeptes, au contraire des brahmanes, n'avaient nul besoin de subsides royaux. Le mouvement dévotionnel influença même l'Islam ; certains poèmes soufis, qui commencent par une invocation à Allah, n'hésitent pas à affirmer que Krishna est un prophète musulman.

Dans le bouddhisme également, bien que celui-ci semble réfractaire à toute idée d'adoration, la *bhakti* a pris différentes formes au cours des siècles et selon les pays, pour culminer dans le culte du Bouddha Amitâbha (voir p. 39).

LES LINGAYATS

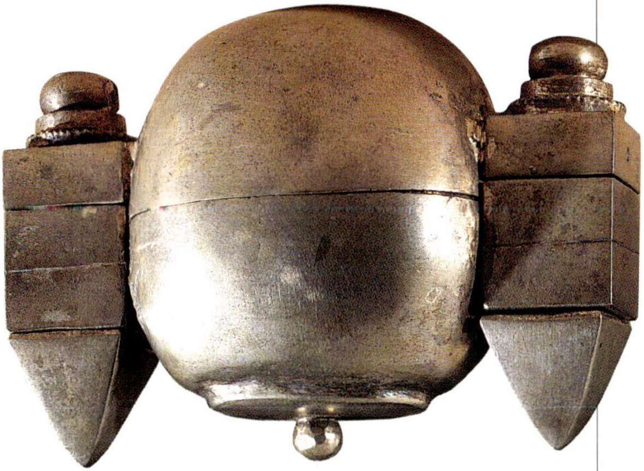

Les adeptes de la secte des lingayats portent autour du cou des boîtes en argent contenant de minuscules lingas.

La secte des lingâyats fut fondée au XIIe siècle par Basava, un brahmane shivaïte qui, à l'âge de seize ans, abandonna le fil sacré – symbole de sa caste – pour propager un message d'égalité sociale à contre-courant de l'hindouisme orthodoxe. Rejetant tout intermédiaire entre Shiva et ses fidèles, Basava ordonna à ses disciples de porter un petit *linga* (voir p. 66-67) autour du cou, afin d'adorer Shiva directement – d'où leur nom de lingayats. Basava, qui récusait l'autorité des *Védas* et des brahmanes, affirmait que les textes sacrés étaient inutiles s'ils ne conduisaient pas à une expérience personnelle. Il épousa deux intouchables, lutta pour les droits des femmes et l'abolition des castes, avant d'être persécuté et assassiné.

D'une façon générale, les divers mouvements de la *bhakti* se sont souvent opposés au système des castes, qu'ils considèrent comme étranger à l'hindouisme.

La lecture des textes sacrés est une pratique populaire de la bhakti.

LES ALVARS

Douze *alvârs* (saints vishnouismes) sont reconnus comme les fondateurs de la *bhakti* de Vishnou dans l'Inde du Sud. Leurs hymnes, près de 4 000 – dont la plupart furent composés par Tirumangaï et Nammâlvar –, expriment la plus haute dévotion. Kulashékara, un roi *alvâr* fou d'amour pour Râma, leva même une armée pour délivrer des démons son épouse Sîtâ.

La prière au temple est l'une des formes communes de la bhakti. *Ce dévot a offert ses cheveux en témoignage de dévotion (Tirupati, Andhra Pradesh).*

MADHVA

Philosophe du XIIIe siècle, Madhva fut l'un des plus grands maîtres dualistes. Son œuvre multiforme comprend des commentaires sur les *Bramhasûtras* et la *Bhagavad-Gîtâ*, et une trentaine d'autres ouvrages. Il rejetait la théorie de la *mâyâ* (voir p. 130-131) en affirmant que le monde matériel, quoique transitoire, était réel. Sans doute influencé par les chrétiens nestoriens – sa vie présente bien des points communs avec celle du Christ –, il croyait à la damnation et au salut éternels.

La Bhagavad-Gîtâ

Une version moderne de la Bhagavad-Gîtâ *montrant Arjuna auquel Krishna délivra son enseignement.*

Bien qu'elle ne soit pas à proprement parler un *shruta* (un texte révélé comme les Védas), la *Bhagavad-Gîtâ* est l'un des textes religieux indiens les plus populaires. Il s'agit d'un court épisode du *Mahâbhârata*, comportant sept cents versets répartis en dix-huit chapitres et écrits sous une forme semi-dialoguée.

Le livre s'ouvre sur le combat de deux immenses armées, composées de milliers de guerriers surnaturels - démons, dieux et géants – sur le « champ du *dharma* ». Ce sont les armées des Pandavas et des Kauravas, cousins mais rivaux pour le trône. Le plus glorieux de ces guerriers est Arjuna, qui passe pour invincible. Son aurige est Krishna, Seigneur de l'Univers (voir p. 62-63).

Ce jour-là, alors que les trompes résonnent pour l'assaut final, Arjuna, saisi par le doute, s'interroge : « Maîtres, pères et fils nous font face sur le champ de bataille… Je ne puis tuer ceux-là, dussé-je mourir à mon tour. Pas même pour gagner le royaume des trois mondes… Quel bonheur peut trouver celui qui tue ses propres parents ?... Je ne me battrai pas. » Krishna sourit et lui révèle les versets qui forment la *Bhagavad-Gîtâ*.

Il en appelle d'abord à l'honneur d'Arjuna, à son devoir en tant que *kshatriya* (voir p. 25). « Il n'est de plus grand bien pour un guerrier que de se battre dans une guerre juste », poursuit-il, ajoutant que tout chagrin est inutile devant l'inévitable. « Arjuna, reprend-il, tu souffres parce que tu crois être l'auteur de tes actes. Mais c'est Dieu qui en est l'auteur. Tu n'es qu'un instrument entre ses mains. » Mais Arjuna doute encore. « Comment puis-je tuer mes propres parents ? » demande-t-il, découragé, son grand arc abandonné sur ses genoux. Krishna répond par l'un des passages les plus célèbres de la *Bhagavad-Gîtâ*. « La mort

LES TROIS VOIES

La discipline de l'action (*karma-yoga*), que Krishna enseigne à Arjuna avant la bataille, n'est pas la seule voie reconnue par la *Bhagavad-Gîtâ*, bien qu'elle soit la plus populaire chez ceux qui doivent vivre et lutter au sein du monde. Gandhî en fut l'un des plus fervents adeptes au XXᵉ siècle. Les deux autres voies sont celles de la connaissance (*jnâna-yoga*) et de la dévotion (*bhakti-yoga*). Dans cette dernière, l'être aime Dieu humblement, espérant moins la délivrance qu'une vision extatique. En écho à cette adoration, Dieu étend sa faveur sur ses fidèles, et les rend capables de transcender leurs limites terrestres. Ces trois voies partagent la même croyance en un Dieu présent dans chaque aspect de la vie.

n'est pas la fin… L'éternel en l'homme ne peut tuer ; l'éternel en l'homme ne peut mourir. L'âme de l'homme ne meurt ni ne naît. Les armes ne peuvent la blesser, le feu ne peut la brûler… Crois-tu pouvoir détruire l'âme ? »

Krishna, ayant défini l'*âtman* (voir p. 24-25) en chacun, offre une voie nouvelle : la discipline de l'action, le *karma-yoga* (voir p. 86). Opposé aux voies jaïn et bouddhiste de l'ascétisme et du renoncement, c'est un yoga de l'action positive, un chemin vers le *brahman* (divin) que chacun peut suivre, fût-ce dans les affaires du monde. Selon Krishna, ce ne sont pas les actes en eux-mêmes qui enchaînent les êtres à la roue des réincarnations, mais bien les intentions égoïstes qui les fondent. Le contraire de l'action égoïste n'est pas l'inaction, mais l'action sans but ni profit.

Dans la *Bhagavad-Gîtâ*, l'action n'est plus la seule cause du *karma*. Le yoga qu'enseigne Krishna propose une voie d'éveil fondée sur l'abandon du désir. Un esprit éveillé, dit-il, est indifférent « au plaisir et à la douleur, au gain et à la perte ». « Prépare-toi au combat, ordonne-t-il à Arjuna. Quoi que tu fasses, fais-le en mon honneur. » Dès lors, Arjuna put retourner au combat, ayant compris qu'il pourrait s'impliquer dans le monde sans s'attacher à ses propres actions.

Une telle spiritualité, aisément compréhensible et assimilable par des fidèles de toutes conditions sociales, connut en Inde un grand succès. La *Bhagavad-Gîtâ* fut commentée par d'innombrables maîtres spirituels, depuis Shankara (voir p. 125) jusqu'à Srî Aurobindo.

Sur le champ de bataille, Krishna se tourne vers Arjuna afin de lui enseigner la Bhagavad-Gîtâ *(manuscrit du XIXe siècle).*

Krishna

Ce panneau sculpté du XIIe siècle (temple de Halebid, Inde du Sud) montre Krishna brandissant le mont Govardhan pour protéger son troupeau contre la colère d'Indra.

Krishna est le plus gracieux et le plus accessible des dieux hindous. Fidèle allié des humains, il ne recule devant rien pour aider ses amis. Krishna, combattant rusé entre tous, est le huitième avatar de Vishnou, envoyé sur terre pour vaincre le mal, chaque fois que le *dharma* (ordre cosmique, social et religieux) est menacé par les forces de l'obscurité.

Les premières traces du culte de Krishna (textes ou objets) apparaissent entre le IVe et le IIe siècles avant J.-C. Le Krishna de cette époque est Vasudéva, probablement un personnage historique né à Dwaraka. Ses exploits héroïques lui ont valu la gloire en tant que chef du clan Yâdava, déifié en tant que Bhagavat (le « Bienheureux »), duquel la *Bhagavad-Gîtâ* (voir p. 60-61) tire son nom.

Dans le *Mahâbhârata*, Krishna apparaît comme le parfait compagnon, loyal et adroit au combat. Il détruit ses ennemis avec un appétit encore plus grand que celui des Pandavas, dont il soutient la cause. Mais il ne brille pas toujours par sa vertu. Il est parfois espiègle et malicieux. Outre les mortels,

BALARAMA

À l'origine, toute la famille de Krishna faisait l'objet d'une grande dévotion. La seconde moitié du *Harivamsa*, « Chronique de Hari » (autre nom de Krishna), raconte les exploits de ses descendants. Seul son frère, Balarâma, est capable de deviner les intentions malicieuses de Krishna. Balarâma était aussi une divinité agricole, associée à la fertilité, ainsi qu'au culte du *naga* (voir p. 68-69).

LIEUX DU CULTE DE KRISHNA

Le culte de Krishna, dont les principaux sanctuaires sont concentrés au nord du pays (voir carte ci-dessous), est répandu dans toute l'Inde. Dans ces sanctuaires, estampes et affiches (voir encadré ci-dessous) sont vendues aux fidèles, qui les distribuent ensuite à leurs parents et à leurs proches.

Krishna soumettant le démon-serpent Kâlîya (bronze du xe siècle)

Krishna vainc aussi les dieux ; ainsi Indra et Varuna doivent-ils plier devant sa puissance, et même Shiva, le redoutable destructeur, doit s'avouer vaincu.

Après sa naissance, Krishna échappa miraculeusement à la colère de son oncle qui avait ordonné le massacre de tous les nouveau-nés. Il descendit alors les eaux de la Juma dans un panier – épisode qui rappelle à la fois Moïse et Jésus.

Krishna, dieu principal de la *bhakti* (voir p. 58-59), est adoré en tant qu'incarnation de l'amour céleste et manifestation la plus achevée du « jeu divin » (*lîlâ*). Il est devenu le dieu le plus populaire de l'Inde, et son image orne la plupart des foyers. D'innombrables œuvres d'art et de littérature lui sont dédiées, comme le *Gôta Govinda* du poète Jayadeva. Le mouvement pour la conscience de Krishna, né en 1966 et plus connu sous le nom de « secte Hare Krishna », a tenté de propager ce culte – sous une forme dérivée, sinon déviante – dans les pays occidentaux.

LE SÉDUCTEUR DES GOPIS

Krishna est souvent représenté dans l'imagerie populaire indienne comme le séducteur des *gopîs*, les femmes et les filles des vachers. Lors de la pleine lune de novembre, raconte la légende, Krishna se rendit dans la forêt et commença à jouer de la flûte. Comme ces notes divines atteignaient le village, les *gopîs* entrèrent en transe et, folles de désir, suivirent la musique. Même les dieux et les morts descendirent sur terre pour assister au spectacle. Parmi les 900 000 *gopîs*, « comme un joyau au milieu d'elles », surgit Râdhâ. Krishna, vaincu par l'amour, laissa tomber sa flûte, et « même ses vêtements glissèrent le long de son corps ». Bien qu'il se fût uni à chacune des *gopîs* durant cette transe de trente-trois jours, il ne cessa d'embrasser Râdhâ.

Krishna jouant de la flûte devant les gopîs *est l'un des sujets favoris de la miniature indienne.*

L'histoire de Krishna et de Râdhâ est d'ordinaire jouée par des garçons. Ce spectacle est donné à Brindavan, lieu des nombreux exploits de Krishna.

Shiva et la Déesse

Alors que Vishnou est une figure univoque et aisément identifiable dans son combat pour la justice, Shiva apparaît comme le plus ambigu des dieux. Il est phallique, toujours en érection, bien qu'il ne répande jamais sa semence, à la fois Seigneur de la Crémation et symbole de régénération, puissance silencieuse de la concentration ascétique et souffle sauvage du changement.

En tant que maître du yoga, Shiva transcende la nature illusoire de la réalité. Alors que Vishnou s'incarne pour agir dans ce monde, Shiva demeure à l'écart, représenté en train de méditer dans les Himalayas, ou sous sa forme abstraite de linga, symbole du phallus. Le pouvoir de Shiva (*shakti*) s'incarne toutefois dans des formes féminines, comme ses épouses Satî et Pârvatî, ou les déesses destructrices Kâlî et Durgâ, qui sont autant d'aspects de Dévî, la grande Déesse. La terre même de l'Inde est, dit-on, le corps de la Déesse.

Puisque Pârvatî est la fille des Himalayas, les histoires relatant sa vie mythologique avec Shiva se situent dans les montagnes. Avec leurs enfants – Ganèsha, le dieu à tête d'éléphant, et le guerrier Skanda –, Shiva et Pârvatî constituent la « sainte famille » du mythe hindou, dont les exploits continuent d'inspirer la vie des *sâdhus* (renonçants).

Cette peinture d'un artiste tribal contemporain, Janagadh Singh Shyam, montre la tête de Shivìa à l'intérieur du yoni (voir p. 66), entourée par un serpent et accompagnée par le trident divin.

Le linga de Shiva

Linga *entouré d'un* yoni *blanc près du Gange, à Bénarès, ville sacrée de Shiva*

Le *linga* (phallus), adoré en tant que forme incarnée de Shiva, est une représentation vivante de la nature duelle du dieu. Bien qu'il soit le seigneur de l'ascétisme, du renoncement et du yoga, Shiva est surtout vénéré en tant que phallus, symbole d'érotisme et d'énergie.

Le *linga* est toujours dressé, gonflé de création potentielle - car Shiva retient toujours sa semence. Avant même l'émergence du mouvement tantrique (voir p. 110-111), le *linga* était perçu comme surgissant du *yoni*, symbole de la vulve ou de l'énergie féminine. Le *linga* et le *yoni*, qui figurent l'union du mâle et de la femelle, du ciel et de la terre, constituent une représentation de la totalité de l'existence.

À l'origine, raconte le *Linga Purâna*, quand l'univers était envahi par les eaux, Vishnou et Brahmâ se disputaient, chacun affirmant qu'il était le plus grand des dieux, lorsqu'une immense colonne de feu surgit soudain d'entre les eaux, si haute qu'elle semblait sans fin.

Les deux dieux cherchèrent à mesurer la hauteur de cette colonne. Vishnou se transforma en sanglier et plongea

IMAGES DE SHIVA

Le *ékamukha-linga*, sur lequel est sculpté une effigie de Shiva, est un « pont » entre les formes abstraite et iconique du dieu. Shiva est aussi représenté avec quatre ou cinq têtes, symbolisant ses multiples aspects - l'ascète sauvage (Bhaïrava), le méditant, le courroucé, l'hermaphrodite, etc.

Ékamukha-linga *en grès, datant du Ve siècle (Inde centrale)*

Ce linga, *recouvert de cuivre et orné d'un portrait de Shiva, est fabriqué dans une entreprise de Vrindabar.*

dans les eaux, alors que Brahmâ prit la forme d'une oie sauvage pour voler aussi haut que possible. Ni l'un ni l'autre ne purent découvrir les extrémités de la colonne. Shiva, apparaissant alors, leur expliqua que cette colonne incandescente était la forme cosmique du *linga*, symbole terrestre de son pouvoir.

Une autre légende évoque un groupe de sages pratiquant l'ascétisme dans la forêt sans comprendre la vraie grandeur de Shiva. Pour les punir, le dieu apparaît sous la forme d'un yogi nu et séduit leurs femmes. Furieux, les ascètes le castrent, mais à l'instant où son *linga* tombe à terre, l'univers est plongé dans les ténèbres. Les sages, conscients de leur erreur, prient Shiva de restaurer la lumière dans le monde. Celui-ci accepte à condition que les ascètes l'adorent sous la forme du *linga*.

Dans la secte des lingâyats (voir p. 59), le *linga* fait l'objet d'un culte particulier, qui a pour fonction de faire passer le fidèle de l'état de dualité – dont Shiva lui-même est un symbole – à la fusion entre l'*âtman* et le Soi suprême. Mais, au-delà de cette école, le *linga* est une forme religieuse tout à fait commune en Inde, sans que son caractère sexuel soit minimisé ou occulté.

Linga *auto-manifeste (voir ci-dessous). Cette pierre polie par les eaux s'orne de trois traits peints avec une pâte de santal.*

LE CULTE DU LINGA

Pierres, galets, sable ou fourmilières constituent les lieux d'élection des *lingas* « spontanés ». Les *lingas svayambhû* (« auto-manifestés »), tels que celui d'Amarnath, formation de glace naturelle, sont les plus sacrés. Le *linga* est souvent oint de lait et de *ghî* (beurre fondu), et entouré de fruits, de sucreries, de feuilles et de fleurs.

Serpents, vaches et taureaux

Dans la religion et l'art indiens, vaches, taureaux et serpents (particulièrement les cobras) possèdent une puissante charge symbolique. Consacrés le plus souvent à Shiva, ils apparaissent aussi en compagnie d'autres dieux. Vaches et serpents tirent pouvoir de leur ambivalence : le serpent est à la fois le destructeur et le gardien de la vie humaine ; l'agressivité du taureau est compensée par la fertilité de la vache.

Le culte du serpent, qui a sans doute précédé la religion védique (voir p. 12-13), reste pratiqué dans les campagnes de l'Inde du Sud. Dans les mythes hindous, le grand serpent Shésha est « sans fin » : sa forme incarne la Voie lactée, et ses quatre grands anneaux symbolisent les quatre *yugas* (âges) du temps cosmique. Selon une légende bouddhique, Muchilinda, roi-serpent, fut émerveillé par les pouvoirs de concentration du Bouddha. Le prince ophidien Dharanéndra protégea le saint jaïn Parshava durant ses méditations. Quant au grand serpent céleste Ananta, il abrite Vishnou pendant son sommeil.

NANDÎ

Le respect dû au taureau dans l'Inde d'aujourd'hui est la conséquence de son association avec Shiva, dont il est la monture. Dans nombre de temples shivaïtes, une statue de Nandî fait face à l'entrée du santuaire principal - car il est le plus loyal des protecteurs du dieu. Les peintures de la « Sainte Famille » - Shiva, Pârvatî, Ganèsha et Skanda - accordent toujours une place à Nandî ; selon la légende, il fut offert à Shiva et Pârvatî en cadeau de mariage.

Nandî partage bien des attributs de son maître ; fort, fier et sexuellement puissant, il est l'incarnation du pouvoir obtenu par le contrôle des passions.

Statue de Nandî, ornée d'une guirlande de fleurs, dans un temple de Bénarès

Dans certaines villes indiennes, comme Bénarès, les animaux sacrés vagabondent librement.

LE COBRA

La nature ambivalente de Shiva en tant que créateur et destructeur, ascétique et érotique, est partagée par l'un de ses plus puissants symboles, le cobra. Malgré son venin, celui-ci orne le cou de Shiva et entoure la poitrine et les chevilles de Ganèsha. Murugan – l'un des fils de Shiva (voir p. 76-77) – chevauche un paon qui tient un cobra dans la bouche. Les cobras gardent aussi le *linga*, phallus de Shiva.

Ce cobra à sept têtes garde un linga *de Shiva à Lepakshi, dans l'Andhra Pradesh.*

La vache représente la fertilité et l'abondance. Forme incarnée de l'aspect positif de la Grande Déesse, elle nourrit et protège la vie qui jaillit de la « matrice infinie ».

Les *Védas* la célèbre comme symbole à la fois du ciel et de terre, de Vishnou et de Prajâpati. Elle est le lieu de la coïncidence des principes masculins et féminins, « en elle réside l'ordre cosmique ». C'est pourquoi la vache est associée symboliquement au feu sacrificiel, et aux formules rituelles des *Védas*. Au XXe siècle, elle symbolise « Mother India », figure mythique de l'État indien moderne. Considérées comme sacrées par les Hindous, les vaches peuvent circuler librement dans les rues. Les grands taureaux blancs, semblables à Nandî, sont souvent honorés lors de funérailles somptueuses.

Les Nâgakals, *ou pierres ophidiennes, sont disposées au pied des arbres dans les villages. Elles ornent aussi les murs de certains temples (ci-dessous, dans le Karnataka) pour protéger ceux qui viennent y prier.*

Les sâdhus

La Khumbâ Méla (le grand rassemblement des sâdhus*) a lieu à Allahabad tous les douze ans.*

Les *sâdhus* (« hommes vertueux ») suivent une voie de pénitence et de mortification pour atteindre l'illumination. Identifiant la création à *mâyâ* (illusion), ces renonçants rejettent l'action et l'attachement au monde pour effacer leur *karma* (voir p. 24-25) et accéder à la réalité divine. Malgré leur extrême austérité, nul ne les considère comme des fanatiques. Le renoncement est en effet la « quatrième étape » de la vie pour un hindou orthodoxe. Les textes sacrés décrivent la vie de l'homme de caste comme une succession de quatre stades (*âshramas*) : le premier est consacré à l'étude des Écritures ; le deuxième est celui du maître de maison qui travaille, construit une famille, sacrifie aux devoirs de son rang et aux règles religieuses ; le troisième correspond à une « retraite », mais l'homme n'est pas dégagé de la vie de couple et des obligations rituelles ; dans le quatrième, enfin, le renonçant (*sannyâsin*) doit tout abandonner pour se mettre en quête de l'éveil. Ce n'est qu'avec Shankara (VIIIe siècle) que l'on admit la possibilité de passer directement du premier au dernier stade

Bien des *sâdhus* s'inspirent de la vie de Shiva, maître des ascètes. Ils portent, outre le trident symbolique, trois raies de cendres sur le front, qui représentent le triple aspect de Shiva, et l'anéantissement des trois impuretés – égoïsme, désir et illusion. Le tambour à double face (*damaru*) symbolise l'union de Shiva et de Shakti. En adorant le *linga* (voir p.

Sâdhu *posant pour les touristes devant le palais d'Amber*

66-67), les ascètes honorent la forme manifeste de Shiva. Leurs robes jaune safran signifient qu'ils ont été lavés dans le sang fécond de Pârvatî, l'épouse du dieu.

D'ordinaire, les *sâdhus* passent leurs premières années de renoncement aux côtés de leurs gourous, pratiquant le service désintéressé du *karma-yoga*. Dès qu'ils ont atteint une certaine maîtrise dans leur art, ils abandonnent leurs maîtres pour errer sur les routes ou dans les forêts. (À leurs yeux, rester à la même place conduit à la stagnation.) Ils se laissent alors pousser la barbe et les cheveux qu'ils attachent en nattes.

Il existe nombre de sectes shivaïstes. Les *aghorîs*, fidèles de Bhaïrava, l'aspect terrible de Shiva, vivent dans les charniers et utilisent des crânes humains comme sébiles. Les dandas rejettent toute possession, ne conservant qu'un pot à eau, un pagne et un bâton.

Ce sâdhu *fait résonner son* damaru, *le tambour de Shiva, qui annonce l'arrivée ou le départ des ascètes.*

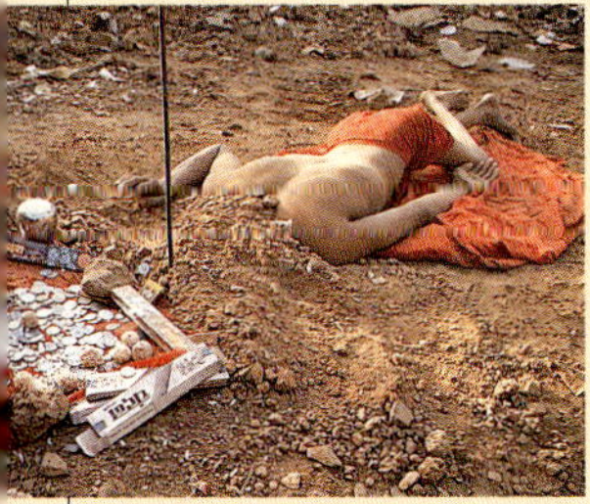

Un sâdhu *s'enterre la tête dans le sable pour faire pénitence.*

LA PÉNITENCE

Un grand nombre de *sâdhus* appartiennent à la secte juna akhara, connue pour ses mortifications. Certaines pénitences – se tenir debout sur une seule jambe ou lever un bras en l'air pendant douze ans – leur donnent, dit-on, de considérables pouvoirs (*siddhis*), tels que la lévitation, l'invisibilité et la capacité de grandir ou de rapetisser à volonté. D'autres s'enterrent la tête dans le sable pendant plusieurs jours pour inciter les passants à leur faire l'aumône.

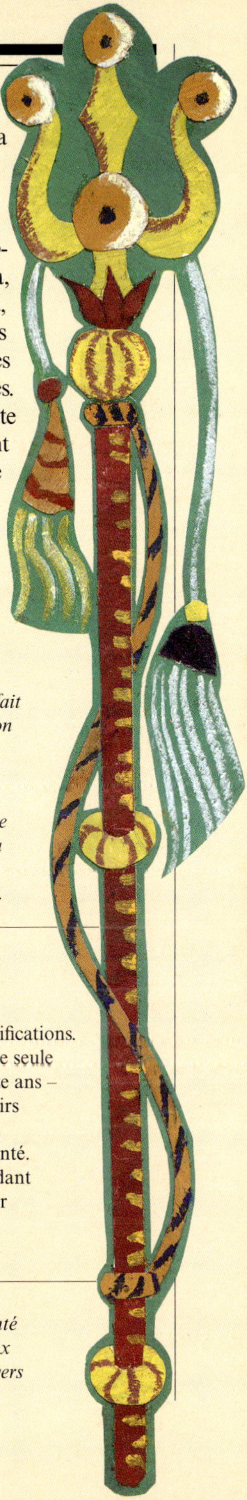

Le premier geste d'un sâdhu *qui arrive dans un nouveau lieu consiste à construire un* dhuni, *un bûcher sacré. Au-dessus du foyer est érigé un trident en mémoire de Shiva. Le trident représenté ci-contre est semblable à ceux qu'utilisent les* sâdhus *à travers toute l'Inde.*

Ganésha

Un Ganésha à quatre têtes chevauchant un lion (Inde du Sud)

Ganésha, le dieu à tête d'éléphant qui a pour monture un rat, est le Seigneur des Commencements, Celui qui supprime les obstacles. Il doit son immense popularité à sa ruse et à l'empressement joyeux avec lequel il assiste ses fidèles. Dans un conte particulièrement significatif, le ventripotent Ganésha défie son frère Skanda, au pied léger, dans une course autour du monde. Alors que Skanda s'envole sur son paon, Ganésha se contente de faire quelques pas autour de ses divins parents, accomplissant ainsi le tour de l'univers !

Ganésha (peinture murale, Jaïpur)

Sa tête d'éléphant, à l'origine une effigie totémique, montre comment l'hindouisme a assimilé les représentations des cultes tribaux. Il est vénéré comme le fils de Shiva, bien que, selon la légende, celui-ci ne soit pas son véritable père. Un matin, Pârvatî créa, avec un onguent et de la poussière, un homme miniature. Elle donna vie à cette sculpture, et lui demanda de garder sa porte pendant qu'elle se baignait. Lorsque Shiva se présenta devant la maison, Ganésha lui refusa le passage. Furieux, Shiva lui trancha la tête, avant de comprendre qu'il s'agissait du propre fils

LES ATTRIBUTS DE GANÉSHA

Ganésha a hérité certaines des caractéristiques de Shiva ; un cobra entourant sa taille, et des cheveux emmêlés qui évoquent les tresses du Seigneur du Yoga. Il est pourtant trop espiègle pour être ascète. Ses attributs sont un aiguillon, un collet et un bol de gâteaux de riz toujours suspendu à sa trompe. Souvent représenté avec une main levée en signe de courage, Ganésha est aussi le patron des lettres et de l'apprentissage ; la défense brisée qu'il tient dans une main fut utilisée pour écrire les derniers chapitres du *Mahâbhârata* (voir p. 56-57).

Un Ganésha en plâtre peint porté lors d'une procession

LA FÊTE DE GANÈSH-CHATURTHÎ

La naissance de Ganésha est célébrée lors de la fête de Ganésha Chaturthî, le quatrième jour (*chaturthî*) du mois lunaire Bhadrapada (août-septembre). Dans tout le Mahârâshtra, notamment à Bombay, des statues de Ganésha en argile sont portées à travers les rues, devant des milliers de spectateurs.

CI-DESSUS *Situé à l'entrée des temples, Ganésha, Celui qui supprime les obstacles, est prié par les fidèles qui recherchent le succès dans leurs projets.*

À DROITE *Ces petites sculptures de Ganésha sont produites en séries.*

de Pârvatî. Shiva envoya alors ses *ganas* (nains et démons) chercher la tête de la première créature qu'ils trouveraient : ce fut une tête d'éléphant. Shiva la posa sur les épaules de Ganésha et lui redonna vie. Accueilli comme un membre de la « sainte famille », Ganésha fut appelé Ganapati, le Seigneur des *ganas* de Shiva.

Cette étonnante tête d'éléphant, surmontant un corps d'homme, correspond au symbolisme de cet animal, qui représente en Inde l'éclosion du monde à partir du « non-manifesté ». C'est par un éléphanteau, par exemple, que Mâya, la mère du Bouddha fut fécondée. Ainsi l'homme à tête d'éléphant évoque l'union du microcosme (humain) et du macrocosme (totalité).

Le courage de Ganésha devant la porte de Pârvatî en a fait le Gardien des Seuils, le Seigneur des Ouvertures. Son icône figure souvent à l'entrée des temples et des maisons ; son nom est invoqué au commencement d'une prière, d'un voyage ou d'une entreprise. Ganésha, souvent représenté sur les calendriers, bénit aussi les mariages et le Nouvel An.

Shiva et Pârvatî

Shiva est à la fois le destructeur et le créateur, le dieu de l'ascétisme et celui de la procréation. Il est le Seigneur du Yoga, couvert des cendres du renoncement, mais aussi la source du Gange, le fleuve donneur de vie. Malgré la multiplicité de ses formes, il est surtout vénéré en tant que *linga* (voir p. 66-67), représentation symbolique du phallus.

Contrairement aux autres dieux, Shiva se définit par les oppositions qu'il incarne. Ainsi, lors des premiers siècles de notre ère, les membres de la secte des pashupâtas accomplissaient des actes indécents ou dépourvus de sens – vivre nu, habiter dans les charniers ou remplacer les fleurs par des excréments sur les autels. Actes qui visaient à révéler la nature illusoire des contraires, démontrant ainsi l'unité sous-jacente de

Shiva et Pârvatî sont souvent représentés dans l'art populaire, comme dans cette affiche moderne.

Bhaïrava, l'aspect féroce de Shiva, chevauche ici la dépouille de Daksha, le beau-père de Shiva (peinture du XVIIIe siècle).

LE SACRIFICE DE DAKSHA

Une célèbre légende shivaïte évoque l'amour de Shiva pour Satî, la fille de Daksha. Alors que ce dernier avait consenti au mariage, il fut épouvanté à la vue du dieu ascète, au corps couvert de cendres et aux cheveux emmêlés. Il offrit un festin, sans y convier Shiva et Satî. Lorsque celle-ci apprit que son père détestait Shiva, elle se jeta dans le feu sacrificiel (voir p. 127). Shiva créa alors Kâlî et Bhaïrava pour tuer Daksha. Il s'empara du corps de Satî, miraculeusement préservé, et le garda avec lui jusqu'à ce qu'elle tombe en poussière. Satî, réincarnée en Pârvatî, « fille des Himalayas », voulut rejoindre Shiva, toujours plongé dans le chagrin. Kâma, le dieu de l'amour, lança alors une flèche d'or dans le cœur du dieu occupé à méditer, mais celui-ci devint furieux. Ouvrant son troisième œil, il foudroya Kâma. Mais dès qu'il comprit que Satî était revenue, il l'aima à nouveau.

la nature divine. Les termes, *a priori* antagonistes, tels que création et destruction, vie et mort, sont en effet perçus comme réciproquement dépendants.

En reconnaissant Shiva comme un dieu englobant toute chose, ses adorateurs intégrèrent certains aspects de la Déesse dans leur mythologie. Le pouvoir (*shakti*) de Shiva fut représenté par son épouse, une forme de Dévî (voir p. 78-79). Comme l'ancienne déesse-mère (voir p. 20-21), Dévî présente un pôle positif et un pôle négatif. Elle est la paisible Satî, Umâ ou Pârvatî ; mais ses aspects féroces se manifestent sous les formes de Chamundâ, Kâlî ou Durgâ (p. 80-81). Alors que Kâlî et Durgâ n'apparaissent que pour détruire les ennemis de Shiva, Pârvatî demeure toujours à ses côtés, comme un parfait complément céleste. L'union sexuelle et spirituelle de Shiva et Pârvatî est devenue le fondement de la philosophie tantrique (voir p. 110-111), et nombre de légendes décrivent la vie de la « sainte famille » sur le mont Kaîlash. Les épouses des dieux indiens, d'une façon générale, sont des *shaktis* (puissances) indispensables pour donner à l'action de ces dieux mâles toute leur efficience• L'homme, lui-même, pour atteindre l'éveil, doit animer la *shatki* qui l'habite. Ainsi la mythologie indienne, à travers la complexité de ses récits, montre-t-elle le chemin de la libération.

CI-DESSUS *L'imagerie shivaïte envahit chaque aspect de la vie quotidienne (peinture murale, Rajasthan).*

À DROITE *Dans un temple moderne d'Hyderabad, la « sainte famille » – Shiva, Pârvatî, Ganésha – accompagnée du taureau sacré Nandî.*

LA VALLÉE DE PÂRVATÎ

La vallée de Pârvatî, près de Kulu, dans l'Himachal Pradesh, est le théâtre de nombreux mythes shivaïstes. Au pied des montagnes jaillissent les sources chaudes de Manikaran. Selon la légende, après avoir fait l'amour pendant 10 000 ans avec Pârvatî, Shiva médita encore 10 000 ans à Manikaran. Satisfait de l'exercice, il réchauffa les rochers avoisinants afin que les yogis pussent s'y asseoir confortablement.

Le nom « Manikaran » provient d'une autre légende, qui conte comment Pârvatî perdit un joyau (*mani*) dans la rivière – joyau que Shiva lui renvoya aussitôt dans une cascade d'eau chaude.

Les fils méridionaux de Shiva

Dans les États du sud, le Tamil Nadu et le Kérala, Ayyappan et Murugan, les fils de Shiva, sont adorés en tant que manifestations de la *shakti* (pouvoir), tout comme les vishnouistes honorent des incarnations telles que Krishna et Râma. Les mythes contant les vies d'Ayyappan et de Murugan ont été influencés par la *bhakti* (voir p. 58-59). Ces dieux apparaissent comme les protecteurs des villages, et la plupart des légendes les décrivent occupés à batailler contre les démons ou les puissances noires de la forêt. Tous deux jeunes et glorieux, ils jouent, contrairement à Shiva, un rôle actif dans la vie de leurs fidèles.

Murugan, divinité principale des anciens Tamouls, est toujours populaire dans le Tamil Nadu comme « dieu du foyer ». Jusqu'à ce siècle, le culte d'Ayyappan était confiné au Kérala, notamment dans les forêts tropicales proches de la frontière du Tamil Nadu. En 1950, seuls mille pèlerins se rendaient à Sabarimalâ, le temple où Ayyappan est censé résider, alors qu'ils étaient quatre cent mille en 1988. Bien que Ayyappan soit à l'origine un dieu local, ses fidèles viennent aujourd'hui de Madras, de Bombay et de Calcutta. Pour ces pèlerins, Ayyappan est le symbole du changement, du développement et de la réussite dans le monde temporel comme dans le monde spirituel.

Dix-huit marches dorées s'élèvent de la forêt jusqu'au sanctuaire, représentant l'échelle qui conduit au succès. Cette échelle symbolise la quête de chaque adepte, le processus du *jayikkuka* (« devenir victorieux ») qui fit la renommée d'Ayyappan.

MURUGAN

Murugan est un dieu populaire des contreforts du Tamil Nadu occidental. Souvent identifié à Skanda, le fils guerrier de Shiva, il porte comme lui une lance ou un trident. À l'origine, Murugan était une divinité de la fertilité dont le culte comprenait sans doute des formes de danse orgiaque.

Cette affiche moderne montre Murugan accompagné de sa monture, le paon.

Les pèlerins de Sabarimalâ décorent leur cars et leurs voitures d'images d'Ayyappan.

L'HISTOIRE D'AYYAPPAN

L'histoire d'Ayyappan commence par le mariage de Datta et Lîlâ. Datta répudie aussitôt Lîlâ et lui jette un sort ; celle-ci est transformée en une démone à tête de buffle, *mahishî*, laquelle accomplit nombre de pénitences et acquiert des pouvoirs surnaturels. Les dieux décident alors que seul Ayyappan, un enfant né de deux hommes et ayant vécu douze années, pourra la délivrer de son sort. Ayyappan – ou « A-yoni-jatan » (« non-né d'une matrice ») – naquit de l'union de Shiva et de Vishnou, qui pour l'occasion prit l'aspect d'une femme. Abandonné sur la rive d'un fleuve, il fut trouvé par un roi, qui en fit son héritier. Lorsqu'il atteignit l'âge de douze ans, la reine décida de l'envoyer dans la jungle pour y chercher du lait de léoparde, espérant qu'il serait dévoré par les bêtes féroces. Ayyappan rencontra mahishî dans la forêt et la délivra de sa malédiction. Il revint alors au palais chevauchant un tigre et accompagné de léopards – symboles de sa victoire sur les forces obscures.

Cette estampe moderne montre le dieu Hari-Hara, une combinaison de Vishnou (Hari, de couleur bleu foncé) et de Shiva (Hara, portant une peau de tigre et coiffé d'un croissant de lune).

Dévî

Dévî, la Déesse, apparaît comme la plus ancienne déité du panthéon hindou. À l'instar de la déesse-mère (voir p. 20-21), cette nourricière aux larges hanches détruit aussi les êtres vivants. Elle est vénérée dans les villages de l'Inde sous de multiples formes : Bhû, l'ancienne déesse de la terre, Pârvatî, la fille des Himalayas (voir p. 74-75), les vengeresses Kâlî et Durgâ (voir p. 80-81), et l'épouse de nombreux dieux. Dans l'hymne qu'il lui adresse sous le nom de *Tripurasundarî*, Shankara lui dit successivement : « Tu es l'épouse de Shiva, tu es l'épouse d'Indra, tu es l'épouse de Vishnou, tu es l'épouse de Brahmâ... » Ce dernier aspect de Dévî, qui a pour nom Savasvatî (voir p. 48), est invoqué dans le *Rig-Véda* comme « éveillant dans la conscience le grand flot, et illuminant entièrement toutes les pensées. » Dévî, souvent appelée Mère – *Matâ* ou *Mâtajî* dans le nord, et *Amman* dans les jungles du sud –, est d'ordinaire représentée sous la forme du *yoni*, le principe féminin qui ceint le *linga* masculin (voir p. 66-67). Comme la déesse-mère, Dévî est surtout associée à la fertilité et à la terre. L'Inde elle-même est perçue comme le corps de Dévî, dont les formes se retrouvent dans les contours du paysage. Des villes comme Calcutta (Kâlî Ghat) tirent leur nom des formes de Dévî, ainsi que certaines déesses, comme Sîtâ (voir p. 53), dont le nom signifie sillon. Contrairement aux avatars des dieux, qui sont sans liens réels avec le monde, ceux de Dévî sont actifs et immanents. Elle est aussi connue sous le nom de *Mahamâyâ* (Grande Illusion) – mais ses fidèles peuvent l'approcher directement puisque son corps est la terre.

Shiva, Brahmâ et Vishnou (la *trimurtî* indienne) représentent des idéaux presque inaccessibles. Brahmâ est un principe quasi transcendant ; Vishnou incarne un idéal moral de pureté absolue ; et l'ascèse sévère de Shiva semble au-delà des possibilités humaines. Au contraire, la Déesse se définit par son action dans le monde. Quand Shiva

CHINNAMASTA

Chinnamastâ, la déesse de la Grande Sagesse, est une déité populaire depuis le XIIe siècle. Elle est souvent représentée debout sur le dos de Râti, elle-même en train de copuler avec Kâma, son mari, le Seigneur du Désir. L'énergie engendrée par l'acte sexuel nourrit Chinnamastâ, qui, en retour, se décapite elle-même pour alimenter ses fidèles avec son sang, unissant ainsi le sexe et la mort.

Dans cette image tantrique du XIXe siècle, Chinnamastâ se dresse sur le triangle du yoni, *le principe cosmique féminin. Son sang nourrit deux* yoginîs.

médite dans sa retraite himalayenne, Kâlî lutte sur le champ de bataille, exterminant les démons de l'ignorance avec une vigueur bien éloignée du détachement cher à Krishna (voir p. 60-61). Cette intervention de la Déesse dans le monde prend toute sa place dans les textes des *Tantras* (voir p. 110-111), qui reconnaissent Dévî comme le centre du pouvoir divin (la *Shakti* suprême). Les formes terribles de la Déesse, comme Kâlî et Durgâ, sont adorées dans les rituels tantriques comme des manifestations de l'énergie suprême.

Les Saptamâtrikâs, *ou les Sept Mères incarnant les énergies des dieux majeurs de l'hindouïsme, apparaissent souvent aux côtés de Kâlî, comme dans ce bas-relief d'Inde centrale (IXe siècle).*

LAKSHMÎ

Lakshmî, déesse de la richesse et de la plénitude, est l'épouse de Vishnou (voir p. 50-51). Alors que ce dernier représente le bien transcendant, Lakshmî incarne toutes les bonheurs de la vie terrestre. Déesse de la chance et de la fortune, elle apporte la pluie vitale (symbolisée par ses éléphants domestiques) et mille pièces d'or se déversent de sa main ouverte.

GANGÂ

Associée à la terre, Dévî l'est aussi aux grands fleuves de l'Inde, dont certains sont vénérés comme des forces divines. Le Gange, par exemple, équivaut dans le panthéon hindou à Gangâ, la déesse qui réside dans les méandres infinis de la chevelure de Shiva. Aussi rend-on hommage aux divinités paysannes en jetant des guirlandes de fleurs dans les rivières qui les symbolisent.

Modelage d'une statue de Dévî en boue séchée à Calcutta

Durgâ et Kâlî

Manifestation de Dévî (voir p. 78-79), Durgâ est vénérée comme la dimension terrible de Pârvatî, fille des Himalayas (voir p. 74-75). Mais alors que Pârvatî agit qu'en tant qu'épouse de Shiva, Durgâ œuvre seule, exterminant les démons de l'ignorance par le pouvoir (*shakti*) de sa férocité.

Depuis le début de notre ère, Durgâ est l'objet d'un culte à travers toute l'Inde pour avoir vaincu le démon-buffle Mahishâshura. Cet épisode, extrait du *Durgâ Charitra* (« Exploits de la grande déesse Durgâ »), constitue l'un des plus célèbres mythes hindous. Les dieux avaient été contraints d'accorder à Mahishâshura, devenu un maître de l'ascèse, un pouvoir quasi infini. Celui-ci prit alors la forme d'un buffle et enfonça la porte des cieux. Épouvantés par ce désordre, les dieux créèrent Durgâ, cumulant leurs pouvoirs en une seule déesse. Laquelle anéantit les hordes démoniaques et extermina Mahishâshura en posant le pied sur sa tête et en le décapitant.

Kâlî, « la Noire », est la destructrice, la terrible déesse à la longue langue rouge. Par sa bouche obscure, elle dévore ses

Tête de Durgâ dans une procession pour la Durgâ Pûjâ

LA DURGÂ PÛJÂ

La Durgâ-Pûjâ est la plus populaire des fêtes religieuses célébrées au Bengale. À cette occasion, les fidèles de Durgâ accomplissent un jeûne de neuf jours. Le dernier jour, de grandes statues de Durgâ, la représentant sous des traits à la fois beaux et effrayants, avec son teint pâle et ses dix bras, sont conduites jusqu'au fleuve où elles sont rituellement immergées. À la fin de la Pûjâ, les filles mariées doivent retourner au domicile de leurs époux, à l'imitation de Pârvatî revenant au mont Kaïlash, la demeure de Shiva.

Durgâ chevauchant son lion et combattant le démon-buffle Mahishâshura est un thème récurrent de l'art indien. La posture paisible de la déesse, munie d'armes divines, tranche avec celle, violente, de Mahishâshura. Dans cette miniature du XVIIIe siècle, le démon, à l'exception de la tête, a pris forme humaine. Curieusement, il monte un cheval et brandit un fusil européen.

Dans cette miniature du XVIIe siècle (Inde du Nord), Kâlî extermine les démons.

ennemis ; ses yeux injectés de sang montrent son goût pour le carnage et une guirlande de crânes entoure son cou.

Comme Shiva, Kâlî est une solitaire, que les autres dieux, apeurés, tentent d'apaiser. Tous deux vivent dans les charniers, car ils sont hors-caste. Mais au contraire de Shiva le Méditant, Kâlî aime le champ de bataille de la vie humaine.

Bien qu'elle soit la plus terrifiante des déesses, Kâlî est plus vénérée que crainte. De grands poètes du XVIIIe et du XIXe siècles, tels que Ramprasâd Sèn et Râmakrishna (voir p. 152), l'ont chantée comme la « Sainte Mère ».

« J'ai réellement senti sur ma main le souffle de la Mère », disait ce dernier, qui eut de nombreuses visions de la déesse, « je n'ai jamais vu Sa forme divine projeter de l'ombre sur les murs ».

KÂLÎ CHEVAUCHANT SHIVA

L'une des images les plus populaires de Kâlî la représente en train de chevaucher la « dépouille » de Shiva endormi. Les miniatures tantriques la montrent accroupie sur le corps prostré de Shiva. De telles représentations symbolisent l'union de Shiva et de Shakti, les principes masculin et féminin de la divinité.

La terrible Kâlî chevauchant le corps de Shiva (à gauche, affiche populaire) et figée dans une pose moins effrayante (à droite, bronze du XIe siècle).

LES THUGS

Les thugs (du sanskrit *shtagas*, « clandestins ») étaient organisés en bandes d'assassins, qui terrorisèrent les voyageurs pendant plus de trois siècles, feignant de leur porter secours pour mieux les étrangler au nom de Kâlî. Les Britanniques ont essayé de mettre fin à leurs agissements (décret de 1830). Aujourd'hui les autorités affirment que seul leur nom survit…

Les arts du yoga

Le yoga est une méthode pratique de réalisation, un moyen d'atteindre l'éveil en purifiant le corps, afin que l'esprit puisse faire l'expérience de la réalité absolue dissimulée par les illusions de la vie quotidienne. Il s'agit d'une des plus célèbres traditions philosophiques indiennes, pratiquée aujourd'hui indifféremment par des hindous, des chrétiens, des agnostiques ou des athées.

Le yoga est moins une religion qu'un mode de cheminement spirituel, dans lequel la discipline du corps agit en interaction avec la conscience. La concentration de l'esprit donne aux adeptes la maîtrise de la matière. Certains exercices, dit-on, leur procurent des « pouvoirs », tels que la lévitation ou la capacité de disparaître à volonté – pouvoirs qu'ils n'utilisent généralement pas en public.

Alors que le râja-yoga considère le corps comme une illusion, le hatha-yoga l'utilise comme un moyen de libération. Ses adeptes pratiquent ce « yoga de la force », afin de bâtir un nouveau corps « subtil », invulnérable à la maladie comme au *karma*. Une fois purifié, ce corps accède à l'état de *samâdhi*. Le yoga de la kundalinî vise à l'union de Shiva et de Shakti, en conduisant le « serpent » du pouvoir féminin immanent jusqu'au sommet du crâne, où réside le divin.

Le yoga offre différentes méthodes pour unir le soi au divin. Cette miniature du XVIe siècle représente un adepte du râja-yoga – qui met l'accent sur la connaissance et la dévotion comme moyens de délivrance.

Le yoga

Dans ce bas-relief du VIIe siècle, à Mahabalipuram, Shiva bénit le sage Bhagivathi, qui se tient en posture de yoga, debout sur une seule jambe.

Le yoga est un art et une discipline visant à la délivrance (*moksha*). Comme le bouddhisme et le jaïnisme, il ne se contente pas de désigner l'objectif, mais offre un moyen pratique de l'atteindre. En effet, les Indiens, disait l'orientaliste Jean Herbert, « n'admettent pas plus la possibilité d'avancer à l'aveuglette, au petit bonheur, en suivant son instinct, dans la recherche de Dieu que dans l'art musical ou la science des mathématiques. Dans un cas comme dans l'autre, il faut profiter de l'immense travail déjà accompli par tous les devanciers. »

Yoga signifie « union » et « joug ». Le yogi tente d'« atteler » la conscience inférieure (l'ego) à la conscience suprême de l'absolu. Le contrôle de soi, l'ascèse et la méditation disciplinent le corps-esprit afin qu'il s'accorde à la réalité du *brahman* (le divin). L'illumination est celle d'une conscience « éveillée » ou « unie » à la nature réelle du monde.

Le hatha-yoga (voir p. 88-89), célèbre aujourd'hui en Occident, met l'accent sur les postures (*âsanas*) ; il ne représente toutefois qu'une petite branche du yoga, dont les diverses écoles constituent l'un des six systèmes traditionnels de la pensée indienne. Les *âsanas* visent à purifier puis à « recréer » le corps afin qu'il devienne un outil permettant d'échapper à *mâyâ*, l'illusion (voir p. 130-131).

Le yogi entend d'abord se délivrer des liens de *mâyâ* par le détachement et la « cessation » des sens. *Mâyâ* est comparable à la surface d'un lac agité par le vent. Lorsque le vent s'apaise, la surface révèle sa vraie forme, solide et constante comme la permanence divine. De façon semblable, le yoga cherche à apaiser le flux de la conscience qui emplit l'esprit de perceptions continuellement changeantes. Le débutant pratiquant l'exercice le plus simple – se concentrer sur un seul point ou sur sa respiration –, doit empêcher que son esprit commence aussitôt à s'agiter.

Le yoga se fonde sur une philosophie dualiste qui postule que la matière (*prakriti*) et l'esprit (*purusha*) sont des entités séparées. L'esprit est ainsi prisonnier de la matière, de l'histoire du karma individuel. En conséquence, nous restons enchaînés dans la ronde sans fin du *samsâra* (cycle des renaissances). Le désir est la cause de chaque action – et c'est le désir d'agir pour un profit que le yogi doit éliminer s'il veut épuiser les effets de ses actions passées, et empêcher le nouveau *karma* de s'accumuler.

Les formes les plus ésotériques de la pensée yogique sont sans doute dérivées du chamanisme indien qui précéda l'invasion aryenne (voir p. 12-13). Le yoga, qui use de techniques chamaniques pour induire une transe, postule l'existence d'une « chaleur interne » (*tapas*) capable de brûler les couches de la réalité matérielle. Mais alors que le chamane s'attache à ce pouvoir, le yogi s'efforce de le transcender pour atteindre une réalité sise au-delà même des dieux.

Le yoga est mentionné pour la première fois dans la *Katha Upanishad*, où le corps est comparé à un char dont la conscience est le conducteur. La maîtrise du corps est ainsi accomplie par le contrôle des sens. Dans ce texte, premier exemple de la philosophie yogique, le corps et l'esprit sont liés – le contrôle des sens permettant la maîtrise de *prakriti* (la matière). Idée qui fut développée par

SHIVA, SEIGNEUR DU YOGA

Cette estampe contemporaine montre Shiva assis en lotus sur les cimes de l'Himalaya.

Shiva, Seigneur du Yoga, est souvent représenté en *padmâsana* (posture du lotus), goûtant l'expérience de la « conscience pure ». Fondamentalement, la nature de Shiva est paradoxale : érotique et ascétique – le plus grand des ascètes est aussi le seigneur du *linga* (phallus). Son image incarne la synthèse tantrique (voir p. 110-111) du yoga et du *bhoga* (plaisir sexuel), qui entend transcender les limites du monde matériel. Le yoga de Shiva est donc non-dualiste ; dépassant la distinction entre le corps et l'esprit, il cherche à engendrer une « chaleur interne » capable de transformer le corps physique en corps subtil. Dans le Shiva-Purâna, le yoga est défini comme la cessation de toute activité autre que la méditation sur Shiva en tant que conscience pure.

différentes méthodes fondées sur la *kundalinî* (voir p. 94-95) ou le *prânâyâma* (contrôle du souffle).

En un sens, la *Bhagavad-Gîtâ* (voir p. 60-61) est un traité de yoga. Elle met l'accent sur la discipline et le contrôle des sens, techniques essentielles d'une voie qu'elle définit comme la synthèse des consciences individuelle et universelle. « L'esprit fluctue et erre sans relâche, dit Krishna à Arjuna. Le yoga est harmonie... harmonie dans le repas et le repos, dans le sommeil et dans l'éveil : perfection en toute chose. »

Adepte pratiquant le yoga sur les rives du Gange, à Bénarès

Les yogas que Krishna expose dans la *Bhagavad-Gîtâ* sont ceux du *karma* (action) et de la *bhakti* (dévotion). Le yoga de l'action implique que le disciple reste dans le monde et s'y livre à toutes les occupations du commun des mortels. Il rejoint dans la pratique les conceptions occidentales d'amour, de devoir, de philanthropie, etc., mais son fondement est différent, puisqu'il vise à ne pas accumuler de nouveau *karma* (voir p. 24-25), pour sortir du cycle des renaissances. La *bhakti* (voir p. 58-59) est essentiellement une doctrine théiste selon laquelle le fidèle peut atteindre son dieu par l'amour. Plutôt que d'échapper au monde illusoire de la réalité ordinaire, l'adepte de la *bhakti* plonge en elle, percevant partout la manifestation glorieuse du dieu qu'il vénère. Krishna fait de la *bhakti* la plus haute forme de discipline : « Parmi tous les yogis, ceux qui m'adorent avec ferveur, éperdus d'amour, viennent au plus près de mon cœur et s'accordent à moi. »

La forme de yoga connue aujourd'hui en Occident fut pour la première fois exposée dans les *Yoga-Sûtras* de Patanjali. Écrit, selon certains commentateurs, deux siècles avant notre ère, le texte original comporte cent quatre-vingt-quinze aphorismes, auxquels nombre de gloses ont été ajoutées à travers les siècles – dont le *Yoga-Bhâshya* (« Élucidation du yoga »), composé, dit-on, par Vyâsa vers 500 après J.-C., et le *Tattva-Vaisharadi* (« Science de la Réalité ») de Vahaspati Mishra.

Le système des *Yoga-Sûtras* est dualiste : Patanjali décrit en effet une voie de libération (*kaïvalya*) qui implique une rupture fondamentale entre l'âme individuelle et le monde de la matière. La méthode est celle de la concentration mentale – l'attention se retire graduellement du monde matériel vers une conscience permanente et non-illusoire (*purusha*).

Vivekânanda, le principal disciple de Râmakrishna (voir p. 152) décrivait ainsi les trois phases finales – ou plutôt supérieures – du Raja Yoga, inspiré de Patanjali : « La *dhâranâ* consiste à fixer l'esprit sur des points déterminés. Lorsque l'esprit acquiert le pouvoir d'affluer en quelque sorte vers ce point en un flot ininterrompu, cet état se nomme *dhyânâ*. Lorsqu'on a intensifié sa puissance de *dhyânâ* au point de pouvoir rejeter la partie extérieure de la perception et méditer uniquement sur la partie intérieure, sur le sens, cet état est appelé *samâdhi*. Alors, tout est soumis à l'esprit. »

LES HUIT BRANCHES DU RÂJA-YOGA

Le yoga de Patanjali comporte huit « branches ». Les cinq premières concernent la pratique du corps et les trois dernières la perfection du soi. *Yama* et *niyama* forment le noyau éthique de la discipline.

Le *yama* (contrôle de soi), qui régit les activités externes du yogi, se fonde sur cinq règles morales : non-violence, vérité, honnêteté, chasteté et dépouillement.

Le *niyama* (observance) se compose de cinq règles gouvernant le comportement personnel : pureté, contentement, ascèse, étude et dévotion.

Par l'*âsana* (posture), le yogi trouve une assise propre à la méditation. Les nombreuses *âsanas* familières aux Occidentaux ne sont pas mentionnées dans le *Yoga-Sûtra*, qui conseille simplement au yogi de trouver une position appropriée.

Le *prânâyâma* (contrôle de la respiration) est la technique fondamentale. En maîtrisant la respiration, le yogi contrôle le corps et l'esprit.

Le *pratyâhâra* (rétractation) est le retrait des sens, l'élimination du contact avec le monde matériel qui lie l'âme individuelle au *samsâra*. « Comme la tortue rétracte ses membres, dit un manuel, le yogi doit rétracter ses sens. »

Dhâranâ (concentration) est la pensée libérée des sens, le rassemblement de l'énergie psychique sur une image interne, qu'il s'agisse d'un mandala ou de tout autre objet.

Dhyâna (méditation) est l'approfondissement de la concentration jusqu'à ce que la conscience devienne un « flux unidirectionnel » dirigé vers un seul objet interne.

Le *samâdhi* (extase, ou plutôt en-stase) est une transe dans laquelle le yogi n'est plus conscient de méditer. Il est le « parfait oubli de [la] méditation » qui l'a précédé. Ici, la distinction entre le sujet et l'objet est abolie, la conscience individuelle se transformant en pleine conscience du Soi universel.

Cette miniature illustre le principal âsana *du yoga.*

Le hatha-yoga

L'objectif du hatha-yoga (« yoga de la force ») consiste à transformer le corps en réceptacle digne de la réalisation. Au lieu de le refouler comme un outil de *mâyâ* (voir p. 130-131), il le considère comme un instrument de délivrance. Les yogis perçoivent en effet l'esprit et le corps comme les manifestations d'une même « force vitale » (*prâna*).

Le hatha-yoga utilise une gamme complète d'exercices afin de maîtriser et de manipuler cette force de vie – exercices fondés sur les postures corporelles (*âsanas*), la concentration mentale et le contrôle de la respiration (*prânâyâma*). Cette discipline a généralement été rejetée par les écoles les plus orthodoxes de l'hindouisme, qui considèrent l'acquisition de pouvoirs « magiques » comme une preuve de décadence spirituelle. Cela n'a pas, toutefois, amoindri son influence, et les techniques du hatha-yoga sont devenues populaires en Occident. Mais les exercices respiratoires pour progresser dans cette discipline sont fort compliqués, et souvent très violents, avec un accompagnement de diverses contractions musculaires (*mudrâ*). Savamment groupés et gradués, ils ont sur le corps physique et le mental des effets incroyablement puissants. Aussi, disait l'orientaliste Jean Herbert, « se livrer à de tels exercices en Occident sans être surveillé de très près par un hatha-yogin parfaitement qualifié (ce qui est rare) est pratiquement une tentative de suicide sur les plans physique, mental et moral. »

Divers âsanas *(postures) et* mudrâs *(gestes) illustrés par ce traité yogique du* XVIII*e siècle*

Le hatha-yoga fut d'abord propagé par la secte kanpatha, que l'ascète Garakhnâtha, guru des *nâtha-sâdhus* (voir p. 70-71), fonda au Xe siècle. Ces *siddhas* (maîtres yogiques) cherchaient la libération au moyen d'une alchimie transformant le corps grossier en « corps subtil » immunisé contre la maladie et libre de tout *karma*, et doté de pouvoirs surnaturels. Le contrôle du souffle était préconisé afin de faciliter le passage de l'énergie vitale dans le « canal central » (*sushumnâ nâdî*) qui s'élève du *chakra* inférieur (voir p. 95) jusqu'au Lotus aux mille pétales, au sommet du crâne – le « siège de Shiva », ou pure conscience.

Le hatha-yoga souligne l'importance de la purification. Il s'agit d'abord d'éradiquer toute maladie, après quoi l'adepte élimine les *dosha* (impuretés) qui entravent ses progrès. Un nouveau corps « parfait » est alors façonné à l'aide du *soma* (nectar d'immortalité) qui emplit le *chakra* supérieur. L'élixir divin est censé ruisseler du *chakra* supérieur pour être brûlé par le « soleil incandescent » sis au bas du canal de *sushumnâ* ; en renversant ce flux, les adeptes peuvent modeler un corps immortel. Le yogi transforme alors ce corps « parfait » en corps divin. Il peut se réjouir dans la *lîlâ* (jeu) du pouvoir créateur de *mâyâ* (l'illusion du monde), changeant de forme à volonté.

Selon les pratiquants du hatha-yoga, cette méthode est le seul moyen d'atteindre l'immortalité. Seul le corps « parfait » permet à l'âme individuelle de trouver la délivrance.

Un yogi dans la posture du kukkuta *(coq) visant à maîtriser le flux du* prâna *(énergie vitale) dans le corps « subtil »*

ÂSANAS

La *Hatha-Yoga Pradîpikâ*, composé par Svatmarama au XIVe siècle, constitue un guide pratique des techniques de base du hatha-yoga et décrit seize *âsanas* appropriés à la méditation, dont la plupart se fondent sur la posture du lotus. *Âsana*, qui signifie à l'origine « assise », désigne aujourd'hui n'importe quelle posture yogique. Le *Pradîpikâ* décrit dans le détail ces postures qui favorisent la concentration tout en maintenant le corps en bonne santé. Mais d'autres textes insistent sur le nécessaire discernement entre ces innombrables positions : la *Gheranda-Samhitâ* dit qu'il y en a 8 400 000, dont 1 600 sont excellentes… mais dont 32 seulement sont bonnes pour les hommes !

LE CHRIST YOGI

Selon certaines légendes, non fondées, mais significatives de la pensée intégrative des Indiens, le Christ aurait passé plusieurs années (celles dont la Bible ne dit rien) à pratiquer les arts du yoga au Cachemire. Quelques hindous, pour la plupart des *sâdhus* shivaïstes, affirment que les pouvoirs du Christ – marcher sur les flots ou transformer l'eau en vin – sont des *siddhis* (voir p. 90-91) dus à sa pratique de yogi. C'est avant tout la crucifixion qui a nourri le mythe du Christ en tant que maître du yoga. Ainsi Jésus ne serait pas mort sur la croix, mais il aurait stoppé son rythme cardiaque pour simuler la mort. De même que dans le hatha-yoga, il aurait utilisé son corps comme une métaphore du progrès spirituel, « absorbant » les péchés de ses fidèles et les « brûlant » à la flamme de son ascèse. Au bout de trois jours de transe profonde, le Christ se serait « ré-animé » et, après une brève apparition auprès de ses disciples, il serait retourné au Cachemire, pour y mourir plus tard.

Tout comme celles des dieux hindous, les effigies du Christ sont couvertes de guirlandes de fleurs (église de Bombay).

Les pouvoirs yogiques

Adeptes se préparant à l'art yogique de la marche sur le feu

Les mythes hindous, bouddhistes et jaïns ont souvent pour héros des saints ayant acquis leurs pouvoirs surnaturels par la pratique de l'ascétisme. Les ascètes ont toujours été craints et respectés en Inde pour la puissance de leurs sorts et leur capacité à changer de forme.

L'adepte des *siddhis* (« accomplissements ») est un *siddha* – maître de son corps-esprit comme des forces de la nature. Le yogi ne doit pas s'efforcer d'obtenir des pouvoirs surnaturels, mais les accepter comme une conséquence naturelle de son ascèse, comme les signes de son « succès ». En reconnaissant le monde comme *mâyâ* (illusion), il peut maîtriser le pouvoir créateur et parvenir au « grand accomplissement » – *moksha*, délivrance. « Celui qui a conquis les sens, dit le *Yoga-Bija*, peut se métamorphoser à son gré. »

Les *Upanishads* du Yoga reconnaissent deux formes de pouvoir : *kalpita* (artificiel) et *akalpita* (réel). Les *siddhis* artificiels, qui sont éphémères, peuvent être acquis en usant d'herbes, de mantras ou d'« élixirs ». Les *siddhis* réels, dus au *svatantriya* (indépendance), sont permanents et constituent la marque de l'adepte véritable.

Selon nombre de légendes, les yogis peuvent prophétiser, se grandir jusqu'à la taille d'une montagne ou se rapetisser comme un grain de poussière, rendre leur corps incandescent, changer de forme, et même dissoudre l'univers. Ces pouvoirs ont une raison d'être : celle d'encourager le pratiquant en lui montrant qu'il a réalisé certains progrès et en le protégeant ainsi contre la lassitude. Mais leur danger (upasarga) est de provoquer un certain orgueil qui l'amène en particulier à vouloir les utiliser sinon pour en faire vaniteusement parade, du moins pour rendre service à son prochain. Aussi, les textes yogiques précisent-ils que les *siddhis* ne doivent pas détourner l'adepte de la vraie voie. De tels pouvoirs doivent être transcendés, comme faisant partie, eux aussi, de *mâyâ*. En outre, ils doivent être tenus secrets, car leur révélation est

Exercices de lévitation pratiqués par des adeptes du hatha-yoga aux États-Unis

incompatible avec une vie de quiétude. « Le roi de yogins ne doit jamais faire usage de ses pouvoirs devant qui que ce soit, dit la Yoga-tattva Upanishad. Il doit vivre dans le monde comme un sot, un idiot, un sourd, afin de garder cachés ses pouvoirs. »

Un jour, rapporte la tradition, le Bouddha conversait avec un ascète sur la rive d'un fleuve. Celui-ci avait obtenu le pouvoir de marcher sur l'eau en étant resté debout sur une seule jambe pendant quarante ans. Nullement impressionné, le Bouddha lui fit observer : « Pourquoi gaspiller ainsi quarante années alors qu'une barque nous conduit sur l'autre rive en quelques minutes ? » Comme Mahâvîra (voir p. 42-43), le Bouddha rejette les pouvoirs yogiques comme autant d'obstacles sur la vraie voie. Il n'autorise leur usage que dans la mesure où celui-ci est mû par la « compassion » et ou il mène à l'allégement de la souffrance.

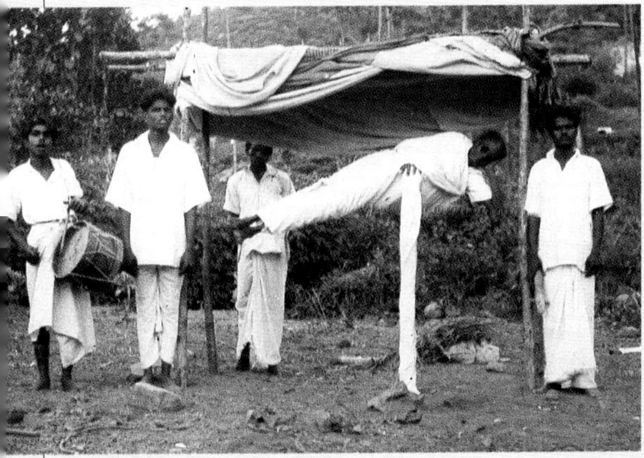

Démonstration de lévitation à Shrî Lankâ : le yogi s'appuie sur un bâton recouvert de tissu blanc

LA LÉVITATION

Dans l'image générale que les Occidentaux se forment de l'Orient, le yogi en lévitation constitue sans doute un des clichés les plus tenaces. *Laghiman* (lévitation) est l'un des huit « grands pouvoirs », mais les textes précisent que sa pratique – « devenir aussi aérien que la pointe d'un roseau » – doit être tenue secrète pour éviter toute corruption. Elle s'accompagne habituellement d'exercices intensifs de *prânâyâma*.

LES MAHÂSIDDHIS

Les huit *mahâsiddhis* (grands pouvoirs), qui accompagnent la voie de la délivrance, sont les suivants : se rendre invisible, agrandir sa taille (jusqu'à celle de l'univers) ; devenir assez léger pour marcher sur l'eau ou léviter ; être plus lourd que le monde ; acquérir une volonté irrésistible ; accéder à l'absolue « maîtrise » ; soumettre la nature ; réaliser tous ses désirs.

Un yogi s'enterre la tête dans le sable pour faire pénitence

Le prâna

Prâna, qui signifie littéralement « respiration », désigne aussi la « force vitale », l'énergie qui imprègne tous les êtres. Le *prânâyâma* (contrôle du souffle) cherche à développer cette énergie en vue de rajeunir le corps, voire, dit-on, d'atteindre l'immortalité.

Dans les *Védas*, le mot *prâna*, qui dénote le « pouvoir vibratoire », renvoie au mythe hindou selon lequel la vibration de la syllabe sacrée *Om* soutient l'univers (voir p. 108-109). Et Virekânanda (voir p. 152) parlait ainsi de la dimension cosmique du *prâna :* « C'est le *prâna* qui se manifeste comme mouvement ; c'est le *prâna* qui se manifeste comme gravitation, comme magnétisme. C'est le *prâna* qui se manifeste dans les actions du corps, comme courant nerveux, comme pensée-force. Depuis la pensée jusqu'à la force physique la plus grossière, tout est uniquement manifestation de *prâna*. Le total de toutes les forces, mentales et physiques, qui existent dans l'univers, ramenées à leur état d'origine, s'appelle *prâna*. »

Dans les *Upanishads*, *prâna* est l'une des épithètes les plus fréquentes d'*âtman* (l'âme). Plusieurs passages examinent les relations entre le *prâna* et les cinq organes du « moi » : parole, souffle, vue, écoute et pensée, qui correspondent aux cinq forces – le feu, le vent, le soleil, la lune et les quatre points cardinaux.

De même que l'*âtman*, étincelle du *brahman* (le divin) à l'intérieur de l'homme, lui est identique, de même le *prâna* inclut dans son flux le dedans et le dehors. Il œuvre sous cinq formes différentes : le *prâna* proprement dit, qui s'étend de la gorge au cœur, comprend à la fois l'inspiration et l'expiration ; l'*apana*, situé sous le nombril, renforce l'intestin et facilite l'excrétion ; le *samâna*, situé entre le cœur et le nombril, contrôle la digestion ; l'*udâna*, situé entre la gorge et le cerveau, régit le visage, les yeux, les oreilles et la voix, ainsi que l'accès aux états supérieurs de conscience ; le *vyâna* imprègne le corps tout entier, coordonne les flux d'énergie et les fonctions fondamentales telles que le mouvement. *Prâna* et *apâna* renvoient respectivement à l'inspiration et à l'expiration.

L'« expansion du souffle » (*prânâyâma*), « quatrième branche » du raja-yoga tel que l'a défini Patanjali dans les *Yoga-Sûtras* (voir p. 86), se fonde sur le contrôle de la respiration, et en particulier sur sa rétention, censée prolonger la vie. Le *prânâyâma* affermit et rajeunit le corps, éveillant le serpent de la kundalinî (voir p. 94-95). En tant que méthode de contrôle de l'esprit, il constitue la technique yogique par excellence. Pratiquer le yoga sans le contrôle du souffle, dit-on, c'est comme traverser l'océan sur un radeau.

Les trois phases du *prânâyâma* – inspiration, rétention, expiration – empruntent les « canaux » (*nâdî*) droit et gauche du nez. L'*idâ nâdî*, le canal gauche, est associé au féminin, à la lune, au rouge, à la mort et à la « fraîcheur » ; il gouverne la pensée et le côté gauche du corps. La *pingalâ nâdî*, le canal droit, est relié au masculin, au blanc, au soleil, à la vie et à la « chaleur » ; il régit le côté droit du corps et régule le flux de la *shakti* (énergie). Le but du *prânâyâma* est d'équilibrer les canaux droit et gauche, afin de déclencher l'éveil et d'engendrer santé, force et longévité.

LES CANAUX DE L'ÉNERGIE

Chaque phase de la respiration stimule un noyau d'énergie dans le corps. Une fois éveillé, ce noyau irradiant est capable de transformer le corps-esprit de l'adepte. Une énergie destructrice peut être engendrée par une concentration excessive sur l'expiration. Toutefois, en déviant cette énergie vers les noyaux du cœur et de la gorge, on unifie les forces négative et positive.

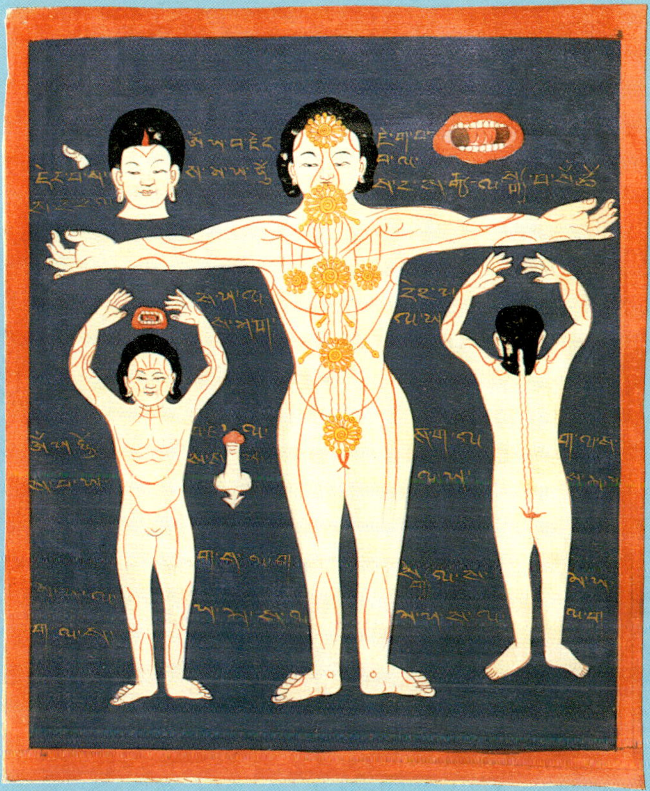

Cette peinture contemporaine, inspirée d'un original tibétain, montre les veines du corps et les centres de contrôle du souffle. Maîtriser les flux d'énergie par les canaux de la respiration conduit aux quatre paliers de la réalisation yogique : « transpirer », « trembler », « sauter comme une grenouille » et « léviter ».

LES QUATRE CONDITIONS PRÉALABLES

Le *prânâyâma* nécessite quatre conditions préalables : « lieu juste » (*sthâna*), soit un endroit frais et tranquille ; « moment juste » (*kâla*), idéalement les heures précédant l'aube, où l'estomac n'est ni plein ni vide (un débutant ne doit pas pratiquer plus de dix minutes) ; « régime juste » (*mita-âhâra*), lequel inclut également la « posture juste », soit *padmâsana* (le corps doit être tenu droit, les mains posées sur les genoux et les yeux clos – l'esprit vide de toute pensée) ; et *nâdî-shuddhi*, soit la purification des canaux d'énergie, par lesquels l'air est inspiré puis expiré.

La kundalinî

Le yoga de la kundalinî (« serpent ») vise à accorder les principes d'ordinaire opposés de la sexualité et de la spiritualité, en faisant fusionner leurs énergies au sein du corps humain. En termes tantriques, ces principes sont *shiva* (masculin) et *shakti* (féminin). Lorsqu'ils sont unis, ils constituent la totalité du réel.

Le principe de *shakti* est perçu comme un serpent endormi, lové au-dessus du lotus inférieur (*mûlâdhâra*). Il se tient à la base du bassin, soit au milieu des quatre doigts qui peuvent être posés entre l'anus et les organes génitaux. Sa gueule est ouverte en direction de la Porte du *brahman* (le seuil de *sushumnâ*). Le canal central de l'énergie court de la base de la colonne vertébrale jusqu'au *sahasrâra*, le centre d'énergie situé au sommet de la tête, le Lotus aux mille pétales. La kundalinî-yoga entend éveiller ce serpent endormi et le dérouler par le canal de *sushumnâ* jusqu'au Lotus aux mille pétales, « pure conscience », réunissant ainsi le corps et l'esprit.

La principale technique des *sâdhakas* (adeptes) est le *prânâyâma* (voir p. 92-93). Le *sâdhaka* doit s'asseoir dans une posture spécifique (*âsana*) et apaiser son esprit en se concentrant sur un point entre les sourcils. En équilibrant les canaux droit et gauche (*idâ nâdî* et *pingalâ nâdî*), il crée une chaleur interne qui tire le serpent de son sommeil.

À mesure que la kundalinî déroule ses anneaux dans le canal central, s'ouvrent successivement les *chakras* de

Dans ce manuscrit tantrique du XIXe siècle, le serpent lové (kundalinî) est représenté aux côtés de trois autres chakras.

la Porte du *brahman*. Le reste du corps doit alors être « dévitalisé » en concentrant toute l'énergie du *prâna* vers le canal de *sushumnâ*. Les canaux *idâ* et *pingalâ* sont censés être asséchés, donnant à la kundalinî le pouvoir de se dérouler. À mesure qu'elle s'élève, chaque lotus s'épanouit joyeusement, et une flamme descend pour s'unir au serpent ascendant. Quand la kundalinî « perce » les lotus, elle « avale » leur énergie, et ils restent en état de *laya* (dissolution).

L'énergie de la kundalinî poursuit son ascension jusqu'à ce qu'elle soit à son tour absorbée dans la félicité suprême du *sahasrâra*. Mais elle n'y demeure pas longtemps, car elle tend à revenir à sa position originelle. L'adepte doit pouvoir réitérer à volonté la montée et la descente du serpent, qui s'établira ainsi toujours plus longtemps dans le *sahasrâra*. Lorsque l'union est finalement achevée, il accède à la délivrance. L'arrivée de la kundalinî au sommet de sa course est représenté comme sa réunion avec son époux, le Shiva suprême, et la béatitude de l'adepte est comparée à la jouissance de l'épouse.

LES « NŒUDS »

La montée de la kundalinî est entravée par plusieurs *granthis* (nœuds), où la *mâyâ shakti* (le pouvoir de l'illusion) se révèle particulièrement puissante. Les textes évoquent le *Tri-granthi*, les trois nœuds de Brahmâ, Vishnou et Rudra, respectivement situés aux *chakras* de l'abdomen, de la gorge et de la tête, qui bloquent l'ascension du serpent. Percer ces nœuds équivaut à introduire de force de l'acier brûlant dans un tuyau de bambou. Le nœud abdominal est le plus difficile à franchir, et son percement cause une grande douleur.

LES CHAKRAS

Selon la plupart des écoles tantriques, six *chakras* (centres d'énergie) jalonnent le canal central, et un septième – *sahasrâra*, le Lotus aux mille pétales – les réunit. Chacun d'entre eux est représenté comme un lotus, dont la couleur et le nombre de pétales varient. À la base du bassin se tient le *mûlâdhâra*, qui est jaune, carré et possède quatre pétales. Le *svâdhishthâna*, situé au niveau des organes génitaux, est blanc, liquide et circulaire, et possède six pétales. Le *manipûra* se trouve à hauteur du nombril ; rouge, incandescent et triangulaire, il possède huit pétales. Logé au niveau du cœur, l'*anâhata* est vert, immatériel et possède douze pétales. Le *vishuddha*, aux seize pétales, est gris, éthéré et semblable à une volute. L'*âjnâ*, situé entre les sourcils, est un lotus à deux pétales symbolisant l'union du féminin et du masculin.

Deux représentations de l'Homme Cosmique, doté de ses chakras *(peinture népalaise du XVIIIe siècle)*

La méditation

Sage barbu assis en méditation (Tamil Nadu, XVIe siècle)

La méditation (*dhyâna*) est le moyen par lequel le corps-esprit purifié atteint l'extase (*samâdhi*), objectif ultime du râja-yoga (voir p. 87), état où le moi s'absorbe entièrement dans le divin. Dans le bouddhisme, les techniques de visualisation, chères à toutes les formes de yoga, ont été élevées au plus haut degré de perfection. Par la concentration « unidirectionnelle » sur un seul objet, l'esprit est apaisé et le moi annihilé.

Dhyâna, la méditation, forme la septième des huit « branches » du râja-yoga de Patanjali. Par la méditation, le corps est d'abord « parfait » et délivré des liens du *karma* (voir p. 24-25), du cycle des renaissances. L'esprit, qui n'est plus distrait, peut être orienté vers l'Absolu. Selon la *Bhagavad-Gîtâ* (voir p. 60-61), le yoga de la méditation surpasse les Écritures et la connaissance (*jnâna-yoga*) comme voie de libération. « Lorsque ton esprit (...) demeurera immobile dans la contemplation divine, enseigne Krishna, tu auras atteint le but du yoga. » L'esprit doit d'abord être apaisé afin que la pure conscience « brûle sans vaciller ». Cette concentration (*dhâranâ*) doit être elle-même transcendée pour que le méditant perde la conscience de son moi individuel.

Les anciens textes yogiques différencient les méditations formelle (*saguna*) et sans forme (*nirguna*). Jugeant la seconde – absorption totale du méditant en lui-même – trop difficile, bien des disciples pratiquent la première, dans laquelle l'adepte concentre son attention sur un objet spécifique : soit un mandala ou un *yantra* (voir p. 101), soit, plus simplement, une feuille ou une pierre. Les objets susceptibles d'éveiller un désir ne peuvent servir de supports à la méditation.

Malgré la vénération dont ils font l'objet, les *bodhisattvas* (voir p. 38-39) sont moins perçus comme des dieux que comme d'exceptionnels supports de méditation, dont chaque détail est remémoré puis visualisé par l'œil de l'esprit. En approfondissant sa concentration, l'adepte intériorise ensuite ces objets en les visualisant. Les techniques complexes du *mahâyana* ont affiné cet exercice, où l'adepte « imagine » chaque cheveu du *boddhisattva* jusqu'à ce que l'image intérieure soit aussi claire que l'image extérieure. Lorsque s'abolit toute distinction entre le sujet et l'objet, le *samâdhi* est atteint. Il est très difficile d'imaginer ce que peut être cet état de *samâdhî*, mais il semble qu'il soit plus proche de ce que la théologie appelle en-stase (où l'être se tient au plus profond de lui-même) que de l'ex-stase connue des mystiques chrétiens, où l'être sort au contraire de lui même. Râmakrishna évoquait, pour parler de l'incommunicabilité du *samâdhi*, une poupée de sel qui voudrait goûter à l'eau de l'océan : dès lors qu'elle en ferait l'expérience, elle ne serait plus apte à en parler.

LES TROIS OBSTACLES

Trois formes de pensée sont considérées comme des « obstacles » à la concentration.

Vichâra désigne la réflexion existentielle dans laquelle le moi pose des questions cruciales telles que « Qui suis-je ? » ou « Qu'est-ce que la réalité ? ».

Vitarka définit les innombrables pensées négatives qui naissent de l'expérience. Celles-ci, selon Patanjali, doivent être contrées par des états positifs tels que la compassion.

Vivéka indique l'attachement à la nature duelle du monde.

DHYÂNA ÂSANA

Selon les maîtres du *dhyâna-âsana*, le lieu de méditation doit être paisible et frais. Après avoir trouvé un endroit confortable, l'adepte s'assied en tailleur, les genoux touchant le sol et la colonne vertébrale droite. Les mains sont alors placées en *dhyâna mudrâ* (« sceau de la méditation »), la gauche reposant sur la droite, les paumes tournées vers le haut et les extrémités des pouces se touchant.

Le site paisible de Gangotri dans le Gange supérieur est propice à la méditation.

Les diagrammes tantriques, tels que ce mandala du XVIIIe siècle, servent de supports à la concentration.

Les mantras

« Om mani padmé hum » *(« Om ! Le joyau est dans le lotus ! ») est le plus puissant des mantras bouddhiques, calligraphié ici sur un mur de Katmandou.*

Le mot *mantra*, diversement interprétable, provient du verbe sanskrit *man* (penser). Un mantra est une pensée contenue dans un énoncé sacré possédant une haute signification spirituelle. Le son, qui tient une place majeure dans la mystique indienne, précéda, dit-on, la création de l'univers, et ses vibrations maintiennent la structure des atomes. Ainsi les mantras sont des syllabes sacrées qui renferment certains aspects du pouvoir cosmique (*shakti*). Il en existe différentes formes, comme le « mantra-semence » (*bîja*), énergie qui imprègne à la fois le corps et l'univers. Les dieux sont perçus comme des manifestations de cette énergie ; Shiva, par exemple, est lié au mantra « hrîm », et Kâlî à la syllabe « krîm ».

Un mantra peut être dépourvu de sens, car seule compte sa sonorité. Un adepte récitera ainsi des mantras complexes, formés de plusieurs syllabes sacrées, sans connaître leur signification. Des textes sacrés comme les *Védas* sont transmis oralement de génération en génération, mais rares sont ceux qui comprennent le sanskrit archaïque dans lequel ils ont été composés. Celui qui psalmodie une syllabe sacrée absorbe le pouvoir contenu dans le son des mots. Par exemple, le « mantra-racine » *Om* (voir p. 108-109) est le son de la vibration qui créa l'univers. En le récitant, l'adepte partage le pouvoir de la création. Ce son parcourt toute la gamme de l'intonation humaine, commençant au fond de la bouche avec le premier élément « A », passant par le « bourdonnement » de l'élément médian « U » et s'achevant, les lèvres closes, sur le « M » final.

Si un disciple n'est pas prêt à pratiquer le hatha-yoga, son gourou peut lui suggérer de psalmodier des mantras pendant douze ans. Le mantra-yoga est une voie progressive vers la sagesse, au cours de laquelle le yogi accumule des *siddhis* (accomplissements). Nombre d'hindous orthodoxes considèrent toutefois ce yoga comme un système magique issu des chants védiques. Les anciens prêtres possédaient en effet le pouvoir d'invoquer les dieux en prononçant les syllabes justes – jusqu'à devenir plus puissants que ces dieux. Mais la pratique traditionnelle des mantras, indissociable de la relation maître-disciple, est étrangère à la notion de magie. Tout gourou possède la connaissance des mantras, et ceux-ci restent sans effet tant qu'il ne les a pas investis de son pouvoir. En choisissant le mantra approprié à tel disciple, le gourou sait que son énergie intrinsèque sera apte à éveiller en lui sa *shakti*, toutes ses potentialités spirituelles.

LE SON

Il existe quatre classes de sons (*shabda*) : le son suprême (*para shabda*), émis par le chakra inférieur, est le plus subtil ; le son visible (*pashyantî shabda*), associé au cœur, se manifeste en tant que *Om* ; le son médian (*madhyama shabda*), qui déploie les sonorités essentielles de l'alphabet sanskrit, est la source des mantras secondaires ; le son manifeste (*vaïkharî shabda*), considéré comme le plus grossier, est celui de la parole humaine.

Longer sur la droite un mur orné du « Om » engendre le même pouvoir que la récitation de ce mantra.

LES MANTRAS JAÏNS

Le plus fameux mantra jaïn est le *panchanâmaskâra* (les « cinq hommages »), récité lors de chaque cérémonie. Comme l'univers jaïn, ce mantra passe pour être incréé, mais les chercheurs contemporains font remonter son origine au IIe siècle.

Contrairement à nombre de mantras hindous, les « cinq hommages » possèdent une signification spécifique. Il s'adressent aux cinq principaux ascètes jaïns, les *paramèshthin*s (« ceux qui se tiennent sur le plus haut plan ») : « Hommage aux omniscients. Hommage aux délivrés. Hommage aux maîtres. Hommage aux précepteurs. Hommage à tous les moines du monde. » Ce mantra est censé produire d'extraordinaires *siddhis* – comme la possibilité de léviter ou de voler – et assurer l'invulnérabilité. Sa récitation assure le succès dans les affaires du monde tout en réduisant la prédominance de l'ego. Puisqu'il « brûle » le *karma* passé, le *panchanâmaskâra* possède un pouvoir égal à celui de l'ascèse.

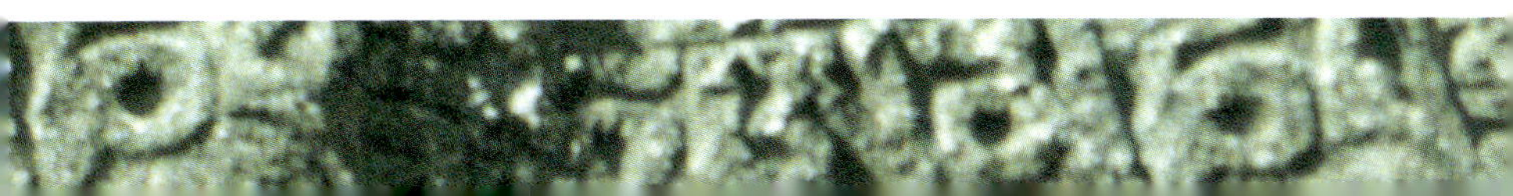

Les mandalas

Les mandalas, représentations de l'univers utilisées dans les traditions hindouïste et bouddhiste comme supports de méditation, peuvent être peints sur papier ou sur tissu, gravés dans le bois ou le bronze ou dessinés sur le sol avec des poudres colorées ou des fils.

Le mandala, qui signifie « cercle » en sanskrit, est symboliquement le contenant circulaire d'un « espace sacré ». Au centre du mandala se trouve un point, ou *bindu*, qui représente le Suméru (la montagne mythique sise au centre de l'univers) vers lequel le méditant « voyage » sur le sentier de l'éveil.

L'espace cosmique est divisé en « lignes de pouvoir » qui vont du nord au sud et de l'ouest à l'est, chargeant le monde d'énergie divine. Elles sont représentées par des triangles ou des carrés entrecroisés, dont les points de rencontre se révèlent des plus puissants. Les temples hindous sont construits selon la structure du mandala, avec des grilles architecturales entrecroisées qui permettent la création de nombreux foyers de pouvoir.

Symboliquement, l'« espace sacré » du mandala est un microcosme de l'univers. En circonscrivant cet espace, l'adepte enclôt le pouvoir qu'il

Pour un pratiquant du tantrisme, le yantra *le plus complexe est le* Shrî Yantra. *Dans cet exemple du Rajasthan (XVIII*e *siècle), six cercles concentriques renferment neuf triangles entrecroisés qui symbolisent les énergies masculine et féminine. Les cinq triangles qui pointent vers le bas sont féminins, alors que les quatre autres sont masculins. Ce réseau forme quarante-trois triangles reliés les uns aux autres, dont chacun constitue la « demeure » d'une divinité tantrique. À l'extérieur se trouvent deux cercles concentriques de huit et seize pétales de lotus. Un carré appelé « la maison du monde » protège l'ensemble.*

contient. En méditant sur cet espace, il peut fusionner avec le cosmos.

Les yogis avancés se concentrent sur un mandala jusqu'à pouvoir l'intérioriser. Ensuite, il sont à même de le visualiser et de fusionner avec le cosmos qu'il incarne. Ils pénètrent alors dans le diagramme, suivant les lignes de pouvoir qui conduisent vers le Suméru. En pénétrant dans l'espace sacré du mandala, le moi individuel se dissout dans le soi universel.

Le mouvement tantrique (voir p. 110-111) a créé des mandalas appelés *yantras*. Le *yantra* est un symbole du cosmos, un réseau abstrait de lignes et de couleurs utilisé dans la méditation. Enclos dans un carré à quatre portes, comme un temple entouré d'un mur, c'est un condensé de l'univers tantrique dont les démons multiples représentent la *shakti* de la déesse. Celle-ci est symbolisée par les triangles qui représentent le *yoni* (vulve). Le *yantra-bindu* représente la déesse Tripurâ – le fondement de l'univers – et le *bîja*, la semence sacrée.

C.G. JUNG

Carl Gustav Jung a publié plusieurs études sur les « mandalas » apparaissant dans les rêves ou les dessins de ses patients. Lors de ses voyages en Inde, il découvrit dans la pratique tantrique de dissolution et de réintégration du moi un processus semblable à sa propre théorie de l'« individuation », par laquelle la conscience s'unit avec le contenu mythique de l'« inconscient collectif ».

CI-DESSUS *Ces trois étapes du* Shrî Yantra *montrent le développement des triangles ascendants et descendants qui créent un noyau dans la figure finale.*

À GAUCHE *Villageoise dessinant un mandala composé de neuf déesses formant un lotus*

Rites et spectacles

Le rituel permet à l'adepte de transcender la vie ordinaire et d'entrer en contact avec le pouvoir (*shakti*) des dieux. Les vêtements, les sons, les paroles et les mouvements spécifiques utilisés au cours d'une cérémonie ont pour fonction de décupler sa signification sacrée.

La *pûjâ* est le rite quotidien par lequel les fidèles communient avec le divin. En approchant du sanctuaire où logent les dieux, ils plongent dans un univers de couleurs et de sons. Ainsi, le battement des tambours et les danses extatiques modifient la perception des adeptes d'Amman, la déesse-mère de l'Inde du Sud, jusqu'à subvertir leur identité et les emplir du pouvoir divin.

Le *tantra* est le plus ritualiste des systèmes de pensée indiens. Ses adeptes s'appuient sur le cérémonial pour accroître la qualité de leur expérience, stimulant leurs sens pour transformer leur joie en énergie subtile. L'initiation tantrique peut comporter un rite sexuel avec une femme « détentrice de pouvoir », afin de réunir les énergies du masculin et du féminin, du corps et de l'esprit.

Pour Holi, la fête du printemps célébrée lors de la pleine lune de mars, ces enfants purifient le sol d'un temple avec de la terre et des feuilles. Durant cette fête, les interdits inhérents aux castes, au sexe et à l'âge sont transgressés.

La pûjâ

Fidèles dansant pour la fête de Durgâ, la déesse aux dix bras

Le mot *pûjâ* désigne tout cérémonial hindou, du rite familial à la fête publique, par lequel les dieux sont vénérés. Bien que ses éléments varient selon les lieux et les sectes, la *pûjâ* obéit, du moins théoriquement, à des règles formulées dans les *Shâstras* et les *Agamas* (textes sacrés).

Dans toute l'Inde, la personnification, la « descente » (*archâvatara*) du dieu sous son image terrestre – qu'il s'agisse d'une statue, d'une peinture ou d'un symbole complètement abstrait – est poussée jusqu'à ses plus extrêmes conséquences. Dans la *pûjâ*, le dieu est traité comme un hôte de choix. Des cérémonies complexes accompagnent l'installation de sa statue au temple. Celle-ci est d'abord consacrée par les prêtres qui la purifient avec de l'encens et du camphre en chantant des *mantras* (voir p. 98-99). Les prêtres invitent ensuite la déité à descendre dans son effigie, avant d'animer celle-ci par les rites de l'infusion du souffle et de l'ouverture des yeux. À la fin de la *pûjâ*, on prend congé de la divinité comme on l'avait tout d'abord « invitée » à être présente, à « animer » son image.

Maintes représentations de Vishnou et de ses *avatars* (voir p. 50-51) montrent le dieu sous une forme humaine, mais l'image la plus connue de Shiva est celle du *linga*, symbole phallique, dressé dans le *yoni*, symbole de la vulve cosmique (voir p. 66-67).

La *pûjâ* est célébrée deux ou quatre fois par jour – à l'aube et au crépuscule, et parfois à midi et à minuit. Le *pûjari* (célébrant) doit veiller constamment sur l'effigie du dieu. Il célèbre parfois la

LE TEMPLE DE SABARIMALÂ

La plupart des temples ne sont que temporairement – à l'aube et au crépuscule – les demeures des dieux. Certains, toutefois, constituent leurs résidences permanentes, qui se caractérisent pardes *pûjâs* spécifiques célébrées en leur honneur.

Le temple de Sabarimalâ, à la frontière du Kérala et du Tamil Nadu, est la demeure de Ayyappan (voir p. 76-77). Les pèlerins marchent tout le jour à travers la forêt, vêtus d'un *dhoti* (pagne) noir et portant un *irrumudi* (sac en tissu) sur la tête. Ce sac contient deux noix de coco, l'une remplie de *ghî* et l'autre entière. La première, ornée des trois yeux de Shiva, représente l'âme, la seconde le moi. Lorsqu'il parvient au temple, le fidèle brise cette dernière au bas des dix-huit marches symbolisant les vices qui doivent être anéantis. Certains adeptes pratiquent le rite du *snâna-pradakshinâ*, tournant trois fois autour de la circonférence intérieure du temple pour s'imprégner du pouvoir du dieu.

Pèlerins de Sabarimalâ portant leurs offrandes sur la tête dans leurs irrumudis.

pûjâ seul, se purifiant dans une eau lustrale avant d'ouvrir la porte du sanctuaire intérieur. Quant les musiciens du temple ne jouent pas de leurs tambours, le *pûjari* fait simplement sonner une cloche et frappe dans ses mains pour éveiller le dieu endormi. S'il s'agit d'une statue, il l'oint d'huile, de camphre et de pâte de santal, et la recouvre de guirlandes.

Le *linga* est lavé avec du lait et de l'eau sacrée, comme celle du Gange. Quand le liquide est versé sur le *linga*, il se répand dans le *yoni* avant d'être recueilli, ainsi sanctifié par son contact avec le divin. Le *linga* est oint de *ghî* (beurre clarifié) et de pâte de santal, puis orné de fleurs. Dans la *pûjâ arati* (« office de la lumière »), on fait tourner devant le *linga* un plat métallique rempli de chandelles allumées, au-dessus desquelles les fidèles passent leurs mains pour recevoir le *darshan* (bénédiction). Le *darshan* marque le moment culminant du rite, lorsque la divinité pleinement éveillée se révèle à tous.

Une noix de coco entière, et une autre remplie de ghî *(beurre fondu) pour la* pûjâ

Célébrant la pûjâ, *un fidèle recouvre de pétales et de feuilles les emblèmes de Shiva, le* linga *et le* yoni.

Femmes en transe

Lors des fêtes religieuses, les femmes préparent la nourriture (ci-dessus) ou célèbrent la pûjâ *(à droite).*

Amman, divinité du sud de l'Inde (voir p. 20-21), présente nombre de traits caractéristiques de la déesse-mère. Comme elle, elle incarne les dimensions contradictoires de la vie et de la mort. En tant que « mère », elle est favorable et protectrice ; pourtant les villageois craignent sa colère et sa soif de sang. Des dieux comme Ayyappan (voir p. 76-77) incarnent le village, l'ordre et la civilisation. Amman, elle, symbolise la forêt, le chaos, le danger et le monde primitif de la violence et du sacrifice.

Les temples d'Amman n'ont ni marches, ni murs, ni sanctuaires intérieurs ; ils sont installés à l'entrée des villages, le plus souvent sous un banyan sacré. Alors que les dieux du villages sont représentés sous une forme humaine, Amman est souvent symbolisée par une simple pierre en forme de petit menhir. Sur chaque côté de cette pierre, figurent les anciens dieux serpents. Des rubans et des anneaux noirs sont souvent suspendus aux branches d'un arbre avoisinant.

Contrairement aux fidèles des autres divinités, les adorateurs d'Amman sont surtout des femmes. Si le culte des dieux du village se caractérise par des règles et une structure, Amman exige abandon, sacrifice et transe. Les jours les plus favorables, comme le vendredi suivant la pleine lune, ses fidèles lui offrent du sang de poulet, de la marijuana et du bétel.

Lors des fêtes, les villageoises prennent de la marijuana, de l'alcool et du bétel pour entrer en transe. Ce rite de possession a été décrit ainsi par un témoin direct : « Les femmes s'assemblèrent autour de la représentation d'Amman... Les joueurs de tambour accélérèrent progressivement leur rythme et, après

Femme priant sous un arbre, devant des pierres sculptées de motifs ophidiens et coloriées de poudre vermillon

avoir accompli les rituels purificatoires, un *pûjari* brisa une noix de coco sur la pierre.

« Ce geste marqua le début de la cérémonie, les femmes commencèrent à danser, titubant d'ivresse. Aussitôt l'une d'entre elles fut « possédée par Amman ». Quelques-unes touchèrent le sol à cet endroit pour absorber une partie du pouvoir de la déesse. D'autres suivirent, tournant et trébuchant, jusqu'au roulement final des tambours. Les femmes s'assirent en silence et le *pûjari* les aspergea d'eau. »

LES FEMMES ET LA SOCIÉTÉ

Selon certains anthropologues, la transe constitue pour les femmes un moyen d'accéder à une « reconnaissance publique ». Dans une société dominée par les hommes, les femmes, reléguées à des tâches subordonnées, peuvent néanmoins transcender les limites de leur statut social en acceptant d'être possédées par une déesse, laquelle réside à l'extérieur du village et représente les forces élémentaires de la forêt.

Lors d'une fête dans le Kérala, des femmes se bousculent pour toucher celle qui a été possédée.

LA PIERRE D'AMMAN

Un jour, dans le village d'Achenkovil, un *pûjari* voulut rendre hommage à Amman. Saisie de colère, la déesse le dévora, ne laissant que ses cheveux et ses ongles qui furent trouvés par un second *pûjari*. Épouvantés, les villageois firent appel à un célèbre ascète, Tandri, qui errait alentour. Celui-ci célébra un rite yogique pour calmer la colère d'Amman ; soulevant la pierre qui personnifiait la déesse, il la reposa à l'envers, puis il la remit à l'endroit, avant de la briser en deux – amoindrissant ainsi son pouvoir.

Om

Les sanctuaires et les allées de l'île-temple d'Omkârèshvara sont représentés ici sous la forme d'un Om. *En haut à droite, le* linga *du temple.*

Selon la philosophie indienne, la matière a été créée à partir du son – et *Om* est le plus sacré de tous les sons, la syllabe qui précéda l'univers et engendra les dieux. La *Chandogya-Upanishad* proclame : « comme s'agglomèrent toutes les feuilles enfilées sur une tige qui les traverse, ainsi toute parole se fond dans le son *Om*. Le son *Om* est tout cet univers. » Et la *Katha-Upanishad* : « Cette syllabe est en effet le *brahman*, cette syllabe est la chose suprême. »
C'est la « syllabe-racine », la vibration qui maintient la structure atomique du monde et des cieux. Ainsi, tous les objets solides ne sont que les manifestations des sons primordiaux.

Puisque *Om* précède toute chose, il est utilisé comme une invocation ponctuant la prière et le chant sacré, jouant un rôle similaire au *Amen* judéo-chrétien. Dans la pratique yogique, la récitation du *Om* constitue une partie fondamentale des techniques de méditation auditive.

Om est représenté par un pictogramme stylisé (voir page de droite), présent sur les murs des temples, les affiches électorales, les calandres des camions et des bus, etc. Symbole de la religion, il figure aussi l'union de toutes les croyances sous les auspices d'un seul dieu.

La *Mândukya Upanishad*, composée entre 400 et 200 avant J.-C., analyse la signification de *Om*. La syllabe-racine y est décrite comme l'« arc » qui lance la « flèche » du soi (*âtman*) vers la cible de l'absolu (*brahman*). Dans la *Maïtrâyanîya Upanishad*, Om est le « son de l'absolu silencieux », la forme de l'énergie cosmique.

Pendant une procession au cours de la fête indienne de Ramlila, une découpe scintillante de Om *est utilisée pour accueillir le dieu Krishna et sa favorite Radha.*

LE TRIPUNDRAKA

Le *tripundraka* désigne les trois traits horizontaux qui barrent le front de Shiva. Ses adeptes les portent afin d'honorer leur dieu. Composés de cendres ou de pâte de santal, ils passent pour apaiser l'esprit durant la méditation. Ils représentent les trois premiers éléments de la syllabe *Om*. Shiva possède trois yeux, dont le troisième se trouve au milieu du *tripundraka*, et porte un trident (*trishula*). Il est aussi associé à la lune, dont les trois phases tirent leur énergie d'un quatrième aspect, *Om*, le son primordial.

Dans cette affiche de la « sainte famille », Shiva porte le tripundraka *sur le front et Ganèsha le* Om *sur la main.*

Om se constitue de quatre « quartiers », trois éléments phonétiques et un quatrième silencieux. Les deux premiers représentent la « montée » du feu lumineux du *linga* universel (voir p. 66-67) et la « matrice » des eaux cosmiques. En sanskrit, ces deux éléments fusionnent pour devenir le *O* de *Om*, union symbolisée par le troisième élément, *M*. Cette fusion de l'eau et du feu apparaît dans le pictogramme lui-même, où une ligne courbe émerge de la forme duelle du signe (qui ressemble à notre 3). Le quatrième élément, figuré par le point, ou *bindu*, sis au-dessus du croissant de lune (voir à gauche), symbolise l'« esprit absolu » du *brahman* qui réside dans les trois autres éléments.

Le pictogramme incarne la trinité hindoue et le quatrième aspect qui la transcende. La *Mândukya* associe ces quatre éléments aux quatre états de conscience – veille, sommeil, rêve et *turîya* (le soi au-delà de la pensée).

Om est une manifestation du *brahman*, le Soi qui dépasse la *trimûrti* (voir p. 48-49) de Brahmâ, Vishnou et Shiva. Il représente aussi le temps (passé, présent et futur) et ce qui le transcende, ainsi que trois des *Védas* : *Rig*, *Sâma* et *Yajur*.

Le tantrisme

Sculptures érotiques du XIᵉ siècle, à Khajurao. La sexualité joue un rôle important dans les rites tantriques.

Voie à la fois dévotionnelle et rigoureuse, le tantrisme, qui entend maîtriser les énergies infinies du corps-esprit, est un yoga de l'action. Plutôt que de rejeter les plaisirs terrestres, les tantrikas (pratiquants du Tantrisme) les explorent en détail. Leur expérience du monde comme jubilation pure atteint de tels niveaux que l'énergie ainsi délivrée peut conduire la conscience à l'éveil. Le mot *tantra*, qui signifie « extension » ou « chaîne » de l'esprit, renvoie aux soixante-quatre *Tantras* (textes religieux), composés entre le Vᵉ et le VIIIᵉ siècles. Sous la forme de dialogues entre Shiva et sa Shakti (son épouse), ils traitent de nombreux sujets, de l'astrologie à l'histoire et à la théologie.

Le mouvement tantrique atteignit son apogée au Xᵉ siècle. Dans toute l'Inde du Nord, des temples furent consacrés aux soixante-quatre *yoginîs* (déesses tantriques), sans parler des superbes fresques érotiques de Khaju-rao et de Konarak.

Le tantrisme se divise en deux voies majeures : celle de la main gauche (*vâma-mârga*) et celle de la main droite (*dakshina-mârga*). Alors que la seconde est pratiquée par les adeptes les plus orthodoxes, la première, qui met l'accent sur la magie du corps, prône l'usage rituel de la sexualité.

Les tantrikas récusent généralement la notion d'une divinité transcendante, accessible par la seule contemplation. Honorant la *shakti* (pouvoir manifeste) de la divinité, incarnée sous la forme de la Déesse, ils affirment que les femmes sont les détentrices du pouvoir divin. L'union du masculin et du féminin, de la transcendance et de l'immanence divines, est symbolisée par l'acte sexuel.

La maîtrise de la dynamique sensuelle permet la résolution des contraires. Le corps est visualisé comme une plante dont les racines se nourrissent de la pure énergie du divin. Comme la sève, cette énergie circule à travers un réseau de veines : le « corps subtil », qui repose sur l'axe de la colonne vertébrale (voir p. 94-95). Le tantrisme a parfois été critiqué par les maîtres hindouistes eux-mêmes. Mais il n'a cessé de réapparaître au cours de l'histoire religieuse indienne, sûrement parce que son principe est partie intégrante de l'âme de l'Inde. « La synthèse tantrique, disait Srî Aurobindo (voir p. 156), quoique moins subtile et moins profonde, est plus hardie encore et plus puissante que la synthèse de la Gîtâ : car, se saisissant des obstacles qui s'opposent à la vie spirituelle, elle les contraint à devenir les moyens d'une conquête spirituelle plus riche. »

Cette sculpture sur bois du temple de Pashupati près de Kathmandou représente une scène d'union sexuelle devant un démon.

L'INITIATION TANTRIQUE

Étant donné le rôle capital que le gourou y joue, le tantrisme a souvent été défini comme une initiation au cours de laquelle le novice reçoit un mantra (voir p. 98-99). Certains gourous étaient des femmes maîtrisant les arts sexuels – et nombre de saints tantriques ont été initiés par ces détentrices de pouvoir. L'acte sexuel symbolise le processus de la création, au cours duquel l'« énergie rouge » du *yoni* (vulve) est fertilisée par l'« énergie blanche » de la graine.

Diverses postures sexuelles dans un manuel tantrique en feuilles de palme (Orissa, XIXe siècle)

Fêtes et pèlerinages

Sanctuaire de Dévî, à Paradagh, lieu populaire de pèlerinage au Mahârâshtra

Étant donné la profusion de ses dieux et de ses héros, chaque jour de l'année est l'occasion d'une fête religieuse en Inde. Certaines fêtes sont célébrées à travers tout le sous-continent, mais la plupart honorent des divinités locales, commémorant l'incarnation d'un dieu ou la victoire sur un démon.

Holi, l'une des plus fameuses fêtes indiennes, a lieu le jour suivant la première pleine lune de mars, comme si toute la population du pays avait décidé de célébrer la fin de l'hiver. Tous boivent du *bhang* (du haschisch mélangé à du lait chaud) et courent à travers les rues, s'aspergeant les uns les autres de peinture (*galal*).

Chaque temple hindou a son jour de fête. En cette occasion, la statue de la divinité est enlevée du sanctuaire pour être montrée à travers les rues. Les dieux, souvent installés sur des trônes aux côtés de leurs épouses, sont vénérés par des chants, des danses et des prières. On offre même du sang à des déesses comme Kâlî, Durgâ (voir p. 80-81) et Amman (voir p. 106-107), dont les adorateurs entrent en transe.

En dehors de ces fêtes innombrables, le fidèle indien consacre souvent du temps et de l'argent pour accomplir des pèlerinages. La pauvreté, bien sûr, fait que l'on rencontre constamment sur les routes des groupes de pèlerins qui s'en vont à pied, souvent pour des centaines de kilomètres, en chantant des litanies sacrées, avec sur la tête un petit fagot de bois pour le foyer du soir.

Les sites les plus sacrés de l'Inde sont considérés comme des *tîrthas* (« gués », voir p. 166-167) entre le monde ordinaire et le royaume divin. Ce sont souvent des lieux d'une grande beauté naturelle, situés d'ordinaire loin des habitations - dans les profondeurs des forêts, au sommet des montagnes ou au fond des grottes les plus inaccessibles.

Qu'il s'agisse de temples, de rivières ou de *lingas* naturels (voir p. 66-67), de tels sites, visités par de nombreux

CI-DESSUS *Une file de pèlerins se dirige vers la source de la Godavarî.*

À GAUCHE *Des fidèles montent vers le* linga *de glace d'Amarnath, au Cachemire.*

pèlerins, sont censés posséder un pouvoir sacré, capable de rejaillir sur le fidèle. Ainsi, les bouddhistes parcourent le bassin du Gange, admirant les lieux associés à la vie du Bouddha. Les fervents de Shiva choisissent les Himalayas, ou visitent les *jyotirlingas* sacrés, les douze manifestations du pouvoir du dieu. Les vishnouïtes, notamment les fidèles de Krishna, se rendent dans la région de Mathura (voir p. 161-170).

SHIVARÂTRÎ

La Shivarâtrî, l'une des plus grandes fêtes indiennes, honore le *linga* de Shiva. Un jour, il y a bien longtemps, un chasseur tua tant d'animaux qu'il ne put les ramener chez lui avant le crépuscule. Terrifié, il grimpa au sommet d'un arbre. C'était la nuit sans lune du mois de Phalgun (février/mars) – nuit sacrée de Shiva. Les tressaillements continus du chasseur provoquèrent la chute des feuilles et de la rosée sur un *linga* situé au-dessous de l'arbre. Et Shiva en fut réjoui. Lorsque le chasseur mourut le jour suivant, Shiva lui permit de demeurer éternellement sur le mont Kaïlash – puisqu'il avait rendu hommage au *linga* la nuit de Shivarâtrî.

HOLI

Une légende associée à Holi conte l'histoire d'un roi arrogant qui voulait être adoré par tous ses sujets. Quand son fils refusa de lui obéir, il le fit condamner à mort. La sœur du roi, Holikâ, décida alors de rejoindre le condamné au milieu des flammes. Holikâ mourut, mais grâce à sa compassion, le prince put sortir indemne du bûcher. La veille de Holi, chacun allume des feux de joie pour commémorer ce sacrifice.

Holi est une fête exubérante dont les participants s'aspergent de peinture.

Le rasa

En sanskrit, le mot *rasa* signifie « sève » ou « liquide », mais il désigne aussi le plaisir esthétique propre à la perception des œuvres d'art. Le *rasa* peut être éprouvé devant toute forme esthétique, qu'il s'agisse de l'écoute attentive d'une pièce de musique ou de la contemplation d'une peinture. Vishvanatha, théoricien du XIVe siècle, emploie le mot *rasa* pour définir l'essence de la poésie : « La poésie est une phrase dont l'esprit est le *rasa*. » De même, un amoureux évoquera le *rasa* pour décrire l'« essence de l'amour ».

Le *rasa* d'un pin est sa résine, celui d'un citron, son jus. Mais ce mot signifie également l'essence d'un objet, sa quintessence alchimique, qui relie les quatre éléments constituant toute chose. Par extension, *rasa* renvoie au « goût » ou à la « saveur » et sert à décrire le « sentiment » ou l'atmosphère d'une situation. Au stade le plus élevé, il marque la sanctification transcendante qui unit l'artiste et son public. Plus étroite est cette union, plus intense est le *rasa*.

La théorie du *rasa* fut pour la première fois exposée dans le *Nâtyashâstra* par le sage Bhârata au premier millénaire avant notre ère. Bhârata décrivit les neuf émotions éveillant un *rasa* spécifique : *shringâra* (érotique), *hasya* (comique), *karunâ* (pathétique), *raudra* (furieux), *vîra* (héroïque), *bhayanaka* (terrible), *bibhatsâ* (odieux), *adbhûta* (merveilleux) et *shânta* (paisible).

Le *bhava* (état émotionnel) de chaque *rasa* provient de la combinaison de ses *vibhavas* (déterminants), *anubhavas* (conséquences) et *vyabhicharibhavas* (sentiments complémentaires). Le *bhava* du *vîra rasa*, par exemple, est *utsaha* (énergie). Selon les déterminants de ce *rasa* héroïque, certains êtres humains n'existent que pour vaincre ceux qui méritent d'être vaincus. Les conséquences de ce *rasa* sont la recherche d'alliés et le sacrifice de soi, et ses sentiments complémentaires la fierté, le courage et le sens de la décision.

Cette miniature du XVIIe siècle, qui représente le combat de Rustam et du démon blanc, exprime le raudra rasa *(furie).*

Cette peinture du XVIIe siècle, qui montre Krishna badinant avec Râdhâ, exprime le shringâra rasa *(érotique). Râdhâ était la favorite de Krishna (voir p. 63).*

SHRINGÂRA RASA

Les artistes et les critiques indiens considèrent le *shringâra rasa* (érotique) comme le plus important des *rasas*. *Shringa* signifie pic, et *shringara* désigne la façon d'atteindre ce pic, ou cette extase. Ainsi, nombre de miniatures peintes au Rajasthan durant les XVIIe, XVIIIe et XIXe siècles représentent les amours de Krishna et de Râdhâ. Quant aux fresques de Khajurao ou de Konarak, elles comptent parmi les plus célèbres sculptures érotiques du monde (voir p. 110-111). La passion est aussi décrite d'une façon plus subtile, accordée au *bhava* (sentiment) de *shringâra*, qui est le *rati*, amour à la fois humain et divin. Ce *rasa* est également transmis par ses *vibhavas* (déterminants) – par exemple, un jardin au clair de lune.

COULEURS ET DIEUX

Chaque *rasa* est représenté par une couleur et un dieu. Shiva régit *hasya*, le *rasa* comique, symbolisé par la couleur blanche. La présence du dieu Rudra dans une peinture signifie que l'artiste cherche à transmettre le *rasa raudra* (furie ou colère).

L'art des villages

En Inde, la broderie est une occupation exclusivement féminine et souvent collective. Les modèles de certaines pièces sont transmis de génération en génération. Dans certaines régions, comme le Gujarat, des villages, souvent proches les uns des autres, possèdent chacun leur propre style et leurs couleurs spécifiques.

Marques auspicieuses dessinées avec une pâte à base d'herbes sur les mains d'une mariée.

Marco Polo évoquait ainsi l'Inde rurale au XIIIe siècle : « La broderie est faite ici avec plus de délicatesse que n'importe où ailleurs. » Dans les villages, où vivent les trois-quarts de la population, tous les arts continuent de fleurir. Les temples sont ornés d'une profusion de sculptures et de peintures ; de petits ateliers confectionnent tapis, soies et vêtements imprimés pour répondre à une demande croissante. Chaque région possède son propre style et ses matériaux spécifiques.

Toutefois, l'art des villages ne se limite pas aux ateliers. En Inde du Sud, les femmes décorent leur seuil de figures complexes tracées avec de la poudre, les *kolams*. Au crépuscule, ces dessins sont effacés, de sorte qu'une figure différente est créée chaque matin. Comme les mandalas (voir p. 100-101), les *kolams* forment des représentations du cosmos. Dans le Tamil Nadu, on les appelle des « forts » ou des « réceptacles de l'espace sacré ».

Leur structure se fonde sur l'hexagone en triangles imbriqués, appelé « étoile de Lakshmî ». Ils figurent parfois des animaux du folklore local – serpents, tortues ou cor-

Les femmes sont responsables de l'entretien et de la décoration du foyer, et de la remise à neuf des murs, comme dans ce village du Rajasthan.

LES DIEUX DOMESTIQUES

Une tradition de l'Inde rurale veut qu'on crée certaines images à seule fin de les détruire, et de les faire retourner à la terre, leur « matrice ». Les dieux sont représentés sous des formes abstraites, modelés avec de la boue ou symbolisés par une simple boule d'argile. On vénère ainsi Pillaiyar – le jeune Ganésha – en modelant grossièrement avec de la boue une tête d'éléphant, à laquelle on ajoute des yeux faits avec une feuille d'argent ou des pierres blanches. Cette effigie est alors entourée de fleurs, de noix de coco et de sucreries. Après la cérémonie, elle est jetée à l'eau ou abandonnée dans les champs. Dans le

Dans une communauté bhil au Rajasthan, effigies domestiques ornées d'argent

Karnataka, une effigie de Mariamman, la déesse de la variole, est transportée de village en village avant d'être immergée dans une rivière, emportant symboliquement avec elle la maladie.

beaux. Les *kolams* sont destinés à protéger la maison contre les esprits des morts, tout comme les figures tracées au henné sur les paumes des adolescentes. Ces dessins convergent souvent vers un point (*bindu*), censé détourner le « mauvais œil ».

La préparation du kolam *devant le seuil des maisons, avec de la poudre blanche ou colorée, est la tâche matinale des femmes.*

La musique

Le son (*nâda*) est au cœur du processus de la création. Dans les mythes hindous, la syllabe sacrée *Om* (voir p. 108-110) incarne l'essence de l'univers – souffle des atomes et musique des sphères –, l'énergie primordiale qui soutient le monde.

Les principes de la musique indienne figurent dans les versets du *Sâma-Véda* (voir p. 16-17), que chantaient les *udgâtri* (prêtres) lors du sacrifice du *soma*. Décrits dans les textes védiques, les modes, les échelles et les rythmes indiens sont considérés comme sacrés. Par là, les règles gouvernant les *ragas* sont communes à toutes les traditions musicales de l'Inde.

Un raga est un « schéma » mélodique particulier, une structure sous-jacente oscillant entre le ton, l'échelle et le mode. Les nombreux *ragas* sont fondés sur des échelles de *svaras* (notes). Le chant est traditionnellement perçu comme la forme musicale la plus pure, mais un musicien peut être acclamé si le public juge que son instrument s'accorde parfaitement à la voix humaine.

Chaque *raga*, doté d'une saveur (*rasa*) spécifique, ne peut être joué qu'à certains moments du jour ou de la nuit, voire à certaines périodes de l'année.

Joueuse de tambour (temple de Konarak, XIIIe siècle)

Fanfare à la foire de Pushkar au Rajasthan

À DROITE *Un tambour* bahina

Dans les anciens traités, les *svaras* sont parfois associés aux couleurs, aux animaux et aux dieux.

Le *tala* est une structure rythmique fondamentale. Toute composition musicale, développée par une improvisation structurée, se fonde sur un *tala* particulier, qui « encadre » le jeu du percussionniste. Contrairement à la musique occidentale, les modules rythmiques d'un *tala* sont fonctionnellement différents et parfois dissymétriques. Les *talas* peuvent tous être joués sur un tempo lent, moyen ou rapide.

Il existe deux traditions principales dans la musique classique : l'école hindoustanie, au nord, et l'école carnatique, au sud. Les principes et les règles gouvernant ces deux branches sont à peu près les mêmes, si ce n'est quelques variations régionales dans la nature et l'élaboration des *ragas*. L'école carnatique obéit strictement à la tradition, au contraire de l'école hindoustanie plus influencée par les cultures persane et centre-asiatique. Les *ragas* du sud, qui portent pour la plupart des noms sanskrits, observent les règles et les structures sacrées, tandis que les ragas du nord, souvent nommés d'après leur région d'origine, se caractérisent par une grande liberté mélodique.

Malgré son extraordinaire complexité et sa subtilité, la musique hindoue apparaît en général monotone aux oreilles occidentales. Un morceau, qui dure parfois plusieurs heures, semble reprendre sempiternellement les mêmes motifs, alors qu'il est riche d'innombrables variations indiscernables par l'auditeur non averti. Lorsqu'on est habitué à ces mélodies, que l'on a appris à distinguer les quarts et les huitièmes de ton, on est saisi par le charme quasi magique de cet art, à l'instar des auditeurs indiens qu'il n'est pas rare de voir pleurer d'émotion.

LES INSTRUMENTS DU TEMPLE

En Inde du Sud, la musique joue un rôle important dans les rites quotidiens. Un temple de village possède généralement trois musiciens : un joueur de *nagèshvara*, sorte de cor, et deux percussionnistes. Le *nâgèshvara* utilise la gamme complète – sa, ri, ga, ma, pa, da, ni. Les percussionnistes pratiquent leurs rythmes à l'aide de syllabes mnémotechniques. Tous jouent quand s'ouvrent les portes du temple, et quand l'effigie de la divinité est presentee aux villageois. Leur jeu adopte une structure phonétique, formant un langage « parlé » entre les instruments.

Le dahina, *l'un des deux tambours du* tabla

LE SITAR

Le sitar, instrument dominant de la musique classique hindoustanie, est généralement accompagné par le *tampoura* (luth donnant la tonique et la quinte) et le *tabla* (tambour double). Membre de la famille des luths, proche du *tambor* persan, le sitar comporte cinq cordes mélodiques, deux cordes rythmiques et de neuf à treize cordes sympathiques, tendues en travers d'une table d'harmonie en forme de citrouille.

Ravi Shankar a beaucoup contribué à la diffusion et à la reconnaissance de la musique classique indienne en Occident. Né à Bénarès, il a commencé sa carrière comme danseur avant de se concentrer sur le sitar. Il a effectué de nombreuses tournées en Europe et aux États-Unis, et fondé, en 1967, la Kinnara School of Music à Los Angeles.

À GAUCHE *Ravi Shankar jouant du sitar*
CI-DESSOUS *Concert de mariage à Kolhapur, dans le Mahârâshtra*

La danse

Danseuse de cour du Rajasthan (XVIIIe siècle)

Comme la plupart des arts en Inde, les principes de la danse trouvent leurs origines dans les *Védas* (voir p. 16-17). Un ancien traité de dramaturgie évoque la rébellion des dieux contre le contrôle exercé par les prêtres brahmanes. Les dieux demandèrent à Brahmâ de révéler un nouveau *Véda*, fixant en détail les règles de la danse et du théâtre, afin qu'ils pussent être adorés par tous. Ainsi le *Nâtya Shâstra*, le cinquième *Véda*, fut-il dicté à Bhârata. La danse hindoue est « méditation extatique au centre immobile du mouvement », disait le poète Rabindranath Tagore. Et pour le grand critique d'art O.C. Gangoly, « le caractère essentiel et fondamental de la danse indienne, c'est qu'elle est une prière, écrite dans une langue très évoluée du geste, offerte aux dieux. » Des sages comme Râmakrishna n'hésitaient pas à danser pour chanter les louanges de dieu et de recommander cette pratique à leurs disciples.

La danse apparaît comme un rituel, une forme de culte symbolique exécutée à l'occasion des événements importants – mariage, naissance, moisson et processions religieuses. La danse est sacrée, et les danseurs « auspicieux », car ils apportent la bénédiction des dieux. La diversité culturelle de l'Inde se reflète dans les danses folkloriques et les variations locales des cinq grands styles : le *bharata-natyam*, le *kathakali*, le *kathak* (style martial et rythmique du nord), l'*odissi* (proche du *bharata-natyam*) et le *manipuri* (originaire du Manipur). Chacun de ces styles se fonde sur les règles énoncées dans le *Nâtya Shâstra*, transmises à travers les générations par les gourous.

Le style le plus connu est le *bhârata-nâtyam*, originaire du Tamil Nadu, qui suit strictement le *Nâtya Shâstra*. La « danse pure » s'appelle *nritta*, expression abstraite de l'extase. La « danse dramatique », *nritya*, utilise les *mudrâs* (gestes des mains) et l'*abhinaya* (expressions du visage), qui traduisent phrases et idées. Le *bhârata-nâtyam*, dansé à l'origine dans les temples par les *dèvâdasîs* (servantes des dieux), devint progressivement une danse de cour ; les *dèvâdasîs* se transformèrent alors en *ranja-nadâsîs* (servantes du plaisir). Durant la période coloniale, le *bhârata-nâtyam* était devenu

Ce danseur en transe de l'Andhra Pradèsh joue le rôle d'un démon-tigre.

LE KATHAKALI

Le *kathakali*, originaire du Kérala, est un théâtre dansé extrêmement raffiné. Ses personnages, richement parés, représentent les dieux et les démons des *Purânas* et du *Mahabhárata*, symboles de la guerre entre les forces du bien et celles du mal. Les représentations de *kathakali*, qui durent toute la nuit, procurent aux acteurs comme au public une puissante sensation d'harmonie.

Les danseurs, tous masculins, portent des robes et des coiffes recherchées. Il se tiennent plus ou moins immobiles sur scène, s'exprimant par des *mudrâs* et des mouvement d'yeux complexes qui « agissent » comme des mots dans leur dialogue gestuel. Leurs vêtements et leur maquillage ont valeur de symboles. Le vert représente la mobilité ou, accompagné du rouge, la colère ; le noir, les démons et les chasseurs ; l'orange, les femmes et les brahmanes.

Le costume et la couleur jouent un rôle vital dans le langage complexe du kathakali. *Les boules blanches sur le nez et le front des acteurs représentent les différences de rang symbolique.*

peu ou prou une forme de prostitution, que les réformateurs victoriens tentèrent d'interdire. Il ne revécut que dans les années 30, à cause de la fascination exercée sur l'Occident par des danseurs « orientaux » comme Ram Gopal.

Les thèmes de la danse classique sont tirés de la mythologie et des légendes locales. Les grandes épopées comme le *Mahâbhârata* (voir p. 56-57), les vies de Krishna et de Râma constituent un réservoir inépuisable de sujets et de personnages. En Inde du Sud, la danse est fortement influencée par le mouvement dévotionnel (*bhakti*), qui fait de l'amour humain une métaphore de l'amour divin. L'amour de Krishna pour Râdhâ et les *gopîs* (voir p. 63) est souvent présenté comme une danse infinie dans laquelle chacune des *gopîs* croit que le dieu est son partenaire.

Le temps et l'univers

En Inde, la science et la religion sont perçues comme les deux faces d'une même vérité – celle qui inspira les sages bouddhistes, hindouistes et jaïns. Dans l'approche scientifique hindoue, la compréhension de la réalité se fonde en effet sur la compréhension du divin.

Selon la tradition, l'univers précède non seulement l'humanité mais aussi les dieux. Bouddhistes et jaïns ne croient pas à un créateur : pour eux, le temps n'a ni commencement ni fin. La cosmologie jaïn, particulièrement élaborée, reconnaît les « atomes » (*pudgala*) comme l'un des cinq éléments fondamentaux de l'univers.

Selon cette conception du temps et de l'espace, le monde extérieur est le produit du jeu créatif de la Mâyâ (l'illusion, voir p. 130-131). Le monde tel que nous le connaissons n'est pas réel mais illusoire, il est un flux constant de différents niveaux de réalité. La tâche du saint consiste précisément à se délivrer des liens du temps et de l'espace.

Bénarès, la ville la plus sacrée de l'Inde, échappe à l'espace et au temps. Les pèlerins se rendent dans la « cité éternelle » pour se baigner dans le Gange sacré, où ils se lavent de leur karma *négatif. Depuis le premier millénaire avant notre ère, Bénarès est l'un des centres majeurs de la philosophie et de la science indiennes.*

L'âme

Le mantra « *Tat Tvam Asi* » (« Tu es Cela ») est la maxime centrale des *Upanishads* (voir p. 22-23). Il décrit la relation entre Tu, l'*âtman* (l'âme) et Cela, le *brahman* (l'Absolu), qui imprègne tout l'univers. Cette identité est même reconnue dans le culte : la *Sannyâsa Upanishad* met ces mots dans la bouche de Shiva : « Je me prosterne devant Toi aussi bien que devant Moi, l'Infini, je me prosterne devant Moi aussi bien que devant Toi, essence de l'Intelligence. Je me prosterne devant Toi, Seigneur suprême. Je me prosterne devant Moi, le Bienveillant. » Cette idée d'équivalence totale entre l'âme profonde de l'orant et la nature divine contredit tous les soupçons d'idolâtrie qui ont parfois pesé sur les cultes indiens.

Impersonnel, infini et immuable, le *brahman* ne saurait être compris par la pensée. Bien qu'il soit ineffable, une étincelle de cet absolu brille en chacun. Nous ne pouvons saisir le *brahman*, qui n'est pas une entité distincte, mais il peut être visualisé comme un rayon de soleil à la surface d'un lac.

L'*âtman* ne peut être décrit qu'en termes négatifs. Par-delà toute définition, il est intangible et indestructible ; immortel dans un corps mortel, il ne peut souffrir ni s'éteindre. Pourtant, les

Ces deux pûjaris *(prêtres) se baignent au crépuscule dans la Narmadâ, au Madhya Pradèsh. Le bain dans une eau sacrée lave l'âme et annule les effets du* karma.

Upanishads enseignèrent un jour que cet *âtman*, sis au-delà de la raison humaine, était accessible par la méditation, l'ascèse et le yoga. Les prêtres brahmanes n'avaient donc plus le monopole du sacré, car les dieux eux-mêmes pouvaient être transcendés par l'expérience mystique. Au lieu du sacrifice, l'hindouisme eut alors pour objectif *moksha* (la délivrance) – l'ultime liberté liée à la reconnaissance de l'identité entre *âtman* et *brahman*.

Shankara, le théologien du VIIIe siècle, donna sans doute la définition la plus limpide de l'*advaïta* (non-dualisme). Il souligna la distinction entre le royaume du *brahman* et le monde de l'expérience ordinaire, dans lequel notre ego se pense comme identité séparée. Pour Shankara, la libération n'est pas seulement la saisie de notre identité avec l'Absolu, mais aussi la reconnaissance de la nature illusoire du monde, produit par la *mâyâ* (voir p. 130-131). La réalité existe sur deux plans distincts : sur le plan ordinaire, le monde des objets et des egos séparés est réel ; sur le plan supérieur, il est illusoire. Le but du méditant est alors de transcender l'illusion de la réalité pour unir l'Absolu et l'esprit.

À cause de ses thèses sur l'inexistence des âmes individuelles, Shankara fut accusé de crypto-bouddhisme. En fait, et malgré les similarités entre les deux écoles, il attaqua souvent les doctrines bouddhistes. Selon le Bouddha, non seulement il n'y a pas d'âme séparée, mais il n'est aucune âme ; c'est la doctrine de l'*anatta* (non-âme). La souffrance (*duhkha*) est provoquée par l'identification à l'ego, qui n'est pas éternel mais éphémère. Le « Je » que nous imaginons est à la fois illusoire et vain.

Par l'Octuple Sentier (voir p. 35), le Bouddha entendit transcender l'illusion d'un ego isolé en détruisant les habitudes mentales qui attachent l'esprit à cette fausse idée. Depuis la naissance, notre conception du moi est entretenue et protégée. Selon le Bouddha, le moi qui motive nos actions est le produit de désirs erronés. Le moi, poursuit-il, n'existe pas ; il ne peut être défini – il s'agit simplement d'un mot destiné à décrire un état éphémère.

La nature de la mort

La mort est souvent comparée à un sommeil précédant la renaissance. Tout comme nous restons le même lorsque nous nous réveillons – malgré notre « inconscience » nocturne –, l'*âtman* (âme) passe d'un corps à l'autre lors du sommeil de la conscience. Seul le corps meurt, coquille éphémère dont les composants retournent à leur origine lors de la crémation – « l'œil au soleil et le souffle à la nuit ». La liturgie funéraire indienne ignore les actes passés ; elle parle directement à l'âme, indestructible et immortelle.

La *Katha Upanishad*, dans un épisode fameux, évoque un jeune brahmane dépêché dans l'autre monde par un père irritable. Bien qu'il soit le premier humain à visiter le royaume de Yâma, le Seigneur de la Mort ne lui prête aucune attention. Puis, s'excusant, il lui promet d'accomplir les trois souhaits de son choix. Pour son troisième vœu, le brahmane demande à connaître le secret de la mort. Yâma répond que la mort est une illusion causée par la méconnaissance de l'immortalité de l'âme qui, selon la *Bhagavad-Gîtâ*, « ne meurt pas lorsque le corps meurt ». Le seul moyen d'échapper à la mort est de transcender le moi.

Lors de l'initiation, les *sâdhus* (voir p. 70-71) jouent rituellement leur propre mort pour symboliser l'extinction de l'ego. Les doctrines réincarnationnistes, on le voit, induisent des pratiques qui exigent parfois une grande fermeté d'âme. Aussi, en Inde, bien des groupes rejettent la réincarnation, et croient, tout simplement, que les morts passent dans un autre monde, souvent souterrain. Ainsi, les bosquets sombres aux abords des villages peuvent être les repaires de dangereux fantômes (*préta*) – suicidés, femmes mortes en couches, avares décédés sans avoir révélé l'emplacement de leur trésor. Ces croyances suggèrent l'existence d'une identité personnelle, qui survit au trépas, mais sans le système complexe de la réincarnation.

La plupart des hindous pratiquent la crémation, par laquelle le feu véhicule l'âme vers une prochaine vie. Bénarès est l'endroit le plus favorable pour mourir ; les pèlerins viennent de toute l'Inde pour

Statue du roi de la mort sur le toit du monastère de Korisha

Bûchers funéraires sur la rive du Gange, à Bénarès, où chaque hindou souhaite mourir.

y être brûlés, leurs cendres étant ensuite dispersées dans le Gange. Les rites qui entourent la mort sont des plus révélateurs. Le mourant est sorti de chez lui pour qu'il n'ait plus sous les yeux les biens terrestres auxquels il était attaché. Il est entouré de chants sacrés, et il y a même une sorte d'ordination monastique *in extremis* (*âtura-sannyâsa*) qui, en cas de guérison, doit être confirmée dans les formes normales. Lors des funérailles, de la nourriture est offerte aux prêtres pour le bénéfice du mort. Ce rituel (*shrâddha*) est accompli au moins une fois par an pour permettre une renaissance « positive ».

LA MORT JAÏN

Le mot *sallekhana* désigne chez les jaïns le dépérissement au moyen d'un jeûne contrôlé. Comme les bouddhistes et les hindouistes, les jaïns croient qu'une action juste au moment de la mort influence la prochaine naissance. Selon eux, la pratique de l'ascèse peut influer sur le *samsâra* en brûlant le *karma* (voir p. 44-45). Dans l'idéal jaïn de la mort, l'esprit contrôle totalement le corps. Le jeûne « récure » le corps de son *karma* négatif afin que l'esprit se concentre sur sa destinée spirituelle. Skhandala, disciple de Mahavîra, abandonna ainsi toute nourriture, refusant soixante repas avant de mourir en méditation profonde.

LES SATÎS

Les veuves qui s'immolent sur le bûcher ou la tombe de leurs maris sont appelées *satîs*. Le mot provient du sanskrit *satya* (voie de la vertu), désignant une femme à la conduite juste dont le modèle est Satî, la première épouse de Shiva, au nom de laquelle ces veuves se sacrifient.

Cette immolation était largement pratiquée jusqu'à son interdiction en 1829. Des empreintes de mains, comme celles du fort de Jodhpur, indiquent les lieux où les *satîs* suivaient leurs maris tombés au combat. Le début du XIXe siècle connut une recrudescence d'immolations, due sans doute aux violents changements culturels introduits par les Anglais, qui ne purent jamais admettre cette tradition.

Cette peinture montre l'estime dans laquelle étaient tenues les satîs.

Empreintes de mains des satîs *du fort de Jodhpur*

Les conceptions du temps

Transcender le temps, tel est l'objectif de la spiritualité indienne. Le temps est souvent perçu comme un ennemi, roue éternelle qui attache l'âme à une existence souffrante et ignorante. La « délivrance » de cet état est *moksha*, et le « délivré » a pour nom *kâla-atita* – « celui qui a transcendé le temps ».

Selon l'*Atharva-Véda* (voir p. 16-17), le temps est « le premier principe » par lequel l'univers a été mis en branle. Pourtant, nombre de textes parlent de « tromper » ou de « vaincre » le temps. D'après le *Mahâbhârata* (voir p. 56-57), « le temps « cuit » tous les êtres » et « détruit toute créature » – quand chacun sommeille, « le temps est en éveil ».

Roue du dieu-soleil, Sûrya, au temple de Konarak, en Orissa

La mythologie hindoue conçoit le temps comme une roue dont le mouvement engendre les cycles de la création et de la destruction, les *kalpas*. Les Indiens comparent cette succession d'évolutions et d'involutions à la germination de la graine qui produit la plante, et à la fructification de la plante qui produit à nouveau la graine. En tout état de cause, ils ne peuvent imaginer une création ex nihilo (« Comment l'être surgirait-il du néant ? » demande une Upanishad), ni un temps linéaire, qui aurait donc un début. Chaque *kalpa* équivaut à une vie de Brahmâ, soit cent années brahmiques, correspondant à 311 040 000 000 000 années humaines. L'univers apparaît à sa naissance et disparaît à sa mort. Un nouveau Brahmâ naît alors, et le cycle recommence. Chaque *kalpa* est composé de mille « éons », formés chacun de quatre *yugas* (âges du monde). Chaque cycle de *yugas* voit une détérioration de la morale. L'âge actuel (Kâlî Yuga), le dernier d'un cycle, marque le plus bas degré de l'intelligence spirituelle.

Les jaïns perçoivent le temps comme une roue dotée de six rayons (ou âges) ascendants et de six descendants. Cette roue tourne pour l'éternité – sans commencement ni fin. Dans le bouddhisme, le temps est le « dévorateur », l'ennemi des êtres vivants. L'existence (*bhava*) est souffrance (*duhkha*) à cause du passage du temps, de l'entropie. Les derniers mots du Bouddha sont : « Tout chose dépérit… »

Dans le *Yoga-Sûtra*, le temps est défini comme une série discontinue d'instants (*kshanas*). Chaque « instant » représente la quantité de temps qu'un atome met pour changer de position. Au contraire du passage du temps, ces « instants » sont perçus comme réels.

LES QUATRE YUGAS

Le premier âge fut le Satya Yuga, l'âge d'or de l'innocence et de la vérité, qui périclita lentement jusqu'à la venue du Tréta Yuga – où décrurent la vertu et la durée de la vie. Vint ensuite le Dvâpara Yuga, au cours duquel vécurent les héros du *Râmâyana* et du *Mahâbhârata*. L'âge actuel est le Kâlî Yuga, marqué par le vice, l'ignorance et la cupidité.

LE TEMPS TANTRIQUE

Le tantrisme décrit le temps comme une échelle qui descend de l'unité originelle précédant la création, jusqu'au monde présent de la différenciation et de l'illusion. Suivant les étapes indiquées dans les textes sacrés, les tantrikas cherchent à « remonter » l'échelle – et, par là, à renverser le cours ordinaire du temps.

Alors que la théologie chrétienne et la physique moderne conçoivent l'origine de l'univers comme un point à jamais perdu dans le temps linéaire, la science tantrique voit la création comme un processus continu, accessible à notre compréhension.

Un symbole tantrique dépeint le passé comme constamment projeté dans le présent, tel un flux d'événements vomi par la gueule d'un monstre. Non que les choses aient commencé dans le passé, mais celui-ci est continuellement projeté à travers la « gueule » spatio-temporelle de notre conscience présente.

Puisque les tantrikas croient à l'identité de la conscience et de l'absolu, ils estiment pouvoir « renverser » le processus cosmique de l'évolution en « regardant en arrière », dans la gueule du monstre. Ainsi, à travers la méditation, ils peuvent s'absorber dans l'acte continu de la création qui œuvre sans relâche à travers la conscience individuelle et collective.

LE SERPENT DE L'INFINI

Selon la mythologie hindoue, l'univers est détruit à la fin de chaque *kalpa* (vie de Brahmâ). Entre la destruction du monde et sa recréation, Vishnou repose sur les anneaux d'Ananta, le serpent de l'infini, attendant que l'univers se recrée de lui-même. À la fin du Kâlî Yuga, l'âge actuel, Vishnou, croit-on, viendra sous la forme de son dixième et final *avatar* – Kalki, le guerrier au cheval blanc. Il détruira l'ignorance, chassera les envahisseurs de l'Inde et sauvera les justes, marquant ainsi le retour de l'Âge d'or.

Vishnou endormi sur les anneaux du serpent Ananta, emblème du cosmos éternel (temple de Srirangam, Tamil Nadu)

Mâyâ

Pour la pensée hindoue, la *mâyâ* c'est l'illusion ; ce que l'humanité prend pour la réalité est le rêve de Brahmâ (voir p. 48-49). Par ce rêve, le dieu créateur fait exister l'univers. Rêve entretenu par Vishnou, le Préservateur, qui utilise *mâyâ* pour tisser la toile du réel. Non que le monde en lui-même soit une illusion, mais notre perception en est faussée : nous supposons l'univers fait d'une multitude d'objets, alors que toutes choses sont une. Les catégories rationnelles ne sont que de simples constructions de l'esprit, sans aucune réalité.

Pour certains maîtres contemporains, si l'Occident avait suivi Héraclite plutôt que Platon, l'histoire des idées en eût été différente et le concept de mâyâ serait devenu central. Certes, pour Platon, « le monde visible est une ombre pâle de la réalité sise au-delà », mais il percevait chaque aspect de ce monde comme une identité distincte et séparée. Héraclite, au contraire, postulait l'« inséparabilité » de l'univers. Selon sa théorie du devenir, toute chose est dans un état de flux constant, vouée à se transformer continûment. Hypothèse à laquelle fait écho aujourd'hui, 2500 ans plus tard, la théorie du chaos, que James Gleick définit comme « la science du processus au lieu de l'état, du devenir au lieu de l'être ».

LES EAUX DE L'ILLUSION

Pour expliciter métaphoriquement sa théorie du devenir, Héraclite enseignait qu'on ne se baigne jamais deux fois dans le même fleuve. *Mâyâ*, aussi, est souvent associée à l'eau, qui change perpétuellement puisqu'elle coule d'un endroit à l'autre. L'eau est à la fois un symbole et un agent de l'illusion. Lorsque Vishnou lève le voile de *mâyâ* pour ses fidèles, l'eau est toujours proche. Une célèbre parabole évoque un sage à l'ascèse rigoureuse, qui crut pouvoir demander à Vishnou le secret de *mâyâ*. Le dieu lui ordonna de plonger dans une rivière. Quand le sage en émergea, il était devenu une femme ayant oublié son existence précédente. Après une vie bien remplie, cette femme se jeta par désespoir dans le bûcher funéraire de son mari. Le feu fut alors transformé en eau, et le sage retrouva son ancien corps. Alors Vishnou apparut – « voilà *mâyâ* », dit-il à l'ascète, qui comprit la nature de l'illusion.

Pèlerins s'immergeant dans les eaux sacrées du Gange, à Bénarès.

La création

Ce rocher sculpté au milieu d'un bassin représente Vishnou endormi sur l'océan cosmique (Katmandou).

L'un des mythes védiques de la création conte le sacrifice du *purusha*, l'homme cosmique. Les dieux découpèrent le *purusha* et jetèrent sa partie divine dans le feu sacrificiel ; de ce feu, naquirent Indra, Agni, Vâyu, ainsi que les quatre points cardinaux, les animaux, les humains et les quatre *varnas* (ordres).

D'autres passages des *Védas* évoquent un œuf cosmique ou un embryon duquel serait né le seigneur de la création au fur et à mesure du réchauffement des océans. Mais les hymnes tardifs se révèlent bien plus sceptiques ; le dixième livre du *Rig-Véda* s'interroge ainsi : « Qui sait la vérité, qui peut dire quand a commencé cette création ? »

Alors que dans les religions occidentales un dieu créateur précède l'homme et l'univers, les dieux hindous sont précédés par la création ; l'origine du monde est perçue non comme un acte de création mais comme une tentative d'organisation à partir du chaos. La naissance de l'univers – d'un nouvel univers – réalise et manifeste les potentialités incluses dans le résidu de l'univers précédent. Il n'y a pas de nouveauté absolue, mais ordonnancement d'un « vide » riche de latences. L'univers est censé être né de la syllabe *Om* (voir p. 108-109), ou d'un vide dans lequel « il n'y avait ni être ni non-être… ni mort ni non-mort », principe duquel émergea la diversité de la vie. De ce vide naquit le désir, et du désir surgirent les humains, les dieux et les démons.

Selon la *Brihad-âranyaka Upanishad*, l'univers était à l'origine un pur Soi ayant la forme d'un homme. Ne voyant nul autre que lui-même, il cria « Je suis ! » ; alors il prit peur et se divisa en deux parties. La seconde demanda : « Comment peut-il s'unir à moi, qui suis engendrée par lui ? » et elle se cacha. Elle se fit vache, il se fit taureau ; elle se fit jument, chèvre, brebis, ânesse, il se fit étalon, bouc, mouton, âne – et ainsi la terre fut peuplée.

La première moitié comprit alors : « Je suis la Création, car j'ai donné libre cours à tout cela. » Ici, l'homme ne naît pas à l'image de dieu, mais toute la création surgit de l'homme. Dieu et l'humanité sont de la même chair, celle du premier homme qui voulut être plus que lui-même. « Celui qui comprend cela, conclut l'hymne, devient lui-même un créateur dans cette création. »

Deux panneaux du sanctuaire de Badami, dans le Karnataka (VIe siècle). Varâha (à gauche), troisième incarnation de Vishnou, est représenté en sanglier ; Vamana, cinquième incarnation, mesure l'univers d'un seul pas.

LE BARATTAGE DE L'OCÉAN

Aussitôt après la création de l'univers, les dieux (*dévas*) commencèrent à baratter le grand océan de lait pour obtenir le *soma*, l'élixir d'immortalité. Ils recrutèrent les démons (*asuras*) pour tirer la queue du serpent Vasuki, et l'attacher à la baratte. Le mouvement de la baratte, fixée au bas de l'océan, menaça de détruire les trois mondes. Vishnou s'incarna alors en Kûrma, la tortue, et prit la baratte sur sa carapace pour amortir le choc. De merveilleux trésors émergèrent de l'océan, suivis de la déesse Lakshmî. Puis, ce fut un poison, que Shiva avala et garda dans sa gorge afin de protéger tous les êtres.

Barattage de l'océan avec Kûrma et Vasuki (XVIIIe siècle)

Shiva Nâtarâja

Shiva danse au milieu des flammes symbolisant son énergie irradiante (sculpture de cuivre contemporaine).

En Inde du Sud, Shiva est adoré en tant que Nâtarâja, seigneur de la danse. Pour Ananda Coomaraswamy, philosophe et historien de l'art indien, la danse de Shiva est l'« image la plus limpide de l'activité de Dieu telle que l'art ou la religion peuvent la glorifier. »

La danse de Shiva est un symbole de l'unité et du rythme de l'existence. Le processus infini de la création et de la destruction s'exprime dans la posture énergétique du dieu. Shiva danse dans un anneau de feu qui figure le grand jeu de la vie et de la mort. Toute chose est sujette au changement continuel, à mesure que l'énergie assume sans relâche de nouvelles formes dans le « jeu » (*lîlâ*) de la création – excepté le dieu dont la danse est immuable et absolue. Cette allégorie indique les « cinq actes » du dieu : la création de l'univers, sa préservation dans l'espace, sa dissolution à la fin du cycle des quatre âges (*yugas*), la dissimulation de la nature du divin et l'octroi de la vraie connaissance.

La forme dansante de Nâtarâja montre Shiva sous l'aspect de *tamas*, la force centrifuge qui crée et détruit l'univers. C'est la première des trois « tendances » (*gunas*) qui imprègnent l'univers selon la philosophie Sâmkhya. *Tamas* (obscurité), symbolisé par Shiva, régit la naissance, le changement et la mort de toute chose ; *sattva* (tranquillité), représenté par Vishnou (voir p. 48-49), maintient la structure atomique de chaque objet. Ces deux « tendances » – l'une centrifuge, l'autre centripète – créent une « friction » (*rajas*) qui « fait vibrer » les atomes du monde et crée la gravité qui les retient à la terre. C'est la troisième « tendance »,

Le temple de Chidambaram, en Inde du Sud, est considéré comme le site de la danse légendaire et triomphante de Shiva.

CHIDAMBARAM

Chidambaram, le site originel de la danse cosmique, est le centre de l'art et de la pensée shivaïtes depuis un millénaire. Son grand temple, construit par plusieurs dynasties entre le Xᵉ et le XVIᵉ siècles, est consacré à Shiva Nâtarâja. Il abrita, dit-on, sa danse légendaire en présence de son épouse Pârvatî (voir p. 74-75). L'effigie de Shiva réside dans la Salle Dorée, symbole du noyau de l'atome et du centre (*bindu*) de l'univers. Les *Upanishads*, les *Védas* et les *Purânas* sont représentés dans différentes parties du temple, qui incarne ainsi la totalité de la connaissance hindoue. La danse de Shiva devant Pârvatî est célébrée lors d'une grande fête en décembre.

Nâtarâja et Pârvatî entourés d'atomes dans la Salle Dorée de Chidambaram (peinture du XVIIIe siècle, Tanjore)

symbolisée par Brahmâ (voir p. 48-49), force constructrice de la matière et des énergies subtiles comme la perception et la pensée. Lorsque les trois « tendances » (*gunas*) tombent en état d'inégalité et commencent à réagir entre elles, alors naissent les phénomènes du cosmos : création, conservation, dissolution.

La conscience habite toute chose et imprègne l'univers depuis sa création à partir du *bindu* originel (centre d'énergie). La première étape de l'univers fut le déploiement de l'« espace » : la zone potentielle dans laquelle le monde s'« étend » par l'énergie tamasique de Shiva. À la fin du Kâlî Yuga (l'âge actuel de l'ignorance), l'« expansion » s'accélère, tout fusionne et Shiva accomplit la danse terrible de la destruction (*tândava*).

EINSTEIN

Il existe une ressemblance frappante entre l'équivalence de la masse et de l'énergie, que symbolise la danse de Shiva, et la théorie d'Einstein, qui calcule la quantité d'énergie contenue dans une particule subatomique en multipliant sa masse par le carré de la vitesse de la lumière : $E = mc^2$.

La cosmologie jaïne

L'univers jaïn (*loka*) est le système cosmologique le plus complexe qui soit né en Inde. Ici, le temps et l'espace n'ont ni commencement ni fin. Le monde est infini, impersonnel et dépourvu de fonction morale ; incréé, il existe simplement. Le *loka* lui-même forme une arène aux dimensions inouïes dans laquelle un nombre infini d'âmes renaissent continuellement.

La philosophie jaïn divise l'univers en deux catégories : *jîva* (âme) et *ajîva* (non-âme). L'*ajîva* comprend cinq entités fondamentales : *dharma* (mouvement), *adharma* (repos), *pudgala* (atomes), *âkasha* (espace) et *kâla* (temps).

Le *jîva* est éternel, transcendant et fait de « pure conscience », motivé par une volonté absolue et innée. Il perçoit le monde à travers les yeux et les oreilles d'un corps qui n'est qu'une coagulation d'atomes. Contrôlant chaque fonction du cerveau, il est l'unique réceptacle de la connaissance spirituelle. Il existe deux types de *jîvas* incarnés – immobile (rochers, plantes, etc.) et mobile (insectes, animaux, humains, etc.) Ces formes de vie, perçues comme différentes, présentent toutefois quelques similarités, puisque tous les *jivas* sont piégés dans la matière inerte de leur corporalité.

Parmi toutes les formes au sein desquelles renaît le *jîva*, seuls les êtres humains sont capables d'atteindre le nirvâna au cours de leur vie. Cet état de bénédiction, dans lequel l'âme est délivrée de l'individualité, des désirs et des effets du *karma*, est l'objectif ultime de l'adepte – atteint après nombre d'existences consacrées à la discipline et à l'ascèse. Les dieux occupent, eux, une position inférieure : puisqu'ils vivent dans les cieux, leurs « mérites » s'épuisent rapidement et ils renaissent sous forme de poussière, de rocher, de rivière, de nuage, de bactérie, etc. Chaque phase de renaissance peut durer 70 000 ans, et la sortie de cette phase dépend du *karma* individuel.

Le *Vyâkhyaprajnâpati* (IIIe siècle avant J.-C), premier texte jaïn exposant les principes du temps et de l'espace, décrit en détail la forme fondamentale du *loka* – étroit en son centre et doté de régions inférieures et supérieures plus vastes. À partir du XVIe siècle, l'univers fut représenté sous une forme humaine (purusha). Cette entité géante, qui n'a pas de volonté propre, est simplement une coagulation de matière soutenue par l'illusion des *jîvas* qui transmigrent.

Le plan terrestre, où vivent les humains, est perçu comme le niveau intermédiaire de l'univers. Au-dessous apparaissent sept couches infernales, dont la plus noire se tient au bas de l'univers ; au-dessus de la terre se superposent quatorze plans célestes, habités par différentes classes de dieux. Au sommet se trouve l'« espace légèrement courbé », où résident les âmes délivrées de la renaissance.

LE MONT MÉRU

Dans la mythologie hindoue et jaïn, l'axe du monde est le mont Méru – montagne sise au centre de l'univers, entourée de sept océans, de sept continents et des cieux. En son milieu réside le continent Jambudvipa et au-dessus, flanqué des Himalayas, se trouve Bhârata, l'Inde légendaire. Tous les dieux majeurs ont ici leurs royaumes célestes, qui plongent jusqu'aux régions infernales.

Le plafond mosaïqué du Kanch Mandir à Indore, Madhya Pradèsh, représente l'univers jaïn ; le mont Méru figure en son centre.

LE TEMPS

La cosmologie jaïn voit le temps comme une roue à douze rayons ; ceux-ci représentent les âges du monde (*yugas*) qui tournent éternellement (voir p. 128-129). Six des rayons montent de l'obscurité à la lumière, tandis que les six autres descendent de l'âge d'or à l'âge de la confusion. Le premier âge du cycle descendant est une ère de millions d'années. Dans cet âge parfait, naissent des jumeaux fille et garçon (d'une taille de dix kilomètres) qui plus tard se marient et vivent dans la félicité auprès d'arbres magiques accomplissant tous leurs vœux. Après trois âges de dégénérescence, le chagrin survient dans le monde et les « Passeurs » (voir p. 42-43) apparaissent pour offrir la délivrance aux hommes. Cet âge, qui a pour nom *duhtcha* (« triste »), dure 21 000 ans. Puis vient l'âge le plus obscur – le jaïnisme s'éteint et les êtres vivent comme des nains au fond des grottes. Alors, le cycle ascendant recommence ; des sauveurs font renaître la religion et l'âge d'or revient – et la roue du temps tourne ainsi pour l'éternité.

L'astrologie

Les hémisphères oriental et occidental des cieux (manuscrit du XIXe siècle)

Si l'astrologie – qui, à l'origine, ne se distingue pas de l'astronomie – est pratiquée en Inde depuis plus de 1500 ans, ses racines sont sans doute deux fois plus anciennes. Elle est née de la fusion de deux grandes traditions – la science *jyoti* de la divine astronomie décrite dans les *Purânas* (voir p. 49) et le système astrologique inventé par les Grecs.

Les astrologies occidentale et indienne croient toutes deux au zodiaque et à l'influence des planètes sur les « signes ». Les plus anciens textes astrologiques indiens, les *Yâvana-jâkatas*, montrent une forte influence grecque, à laquelle se mêlent des éléments indigènes. Cette synthèse permit l'essor de la science et de l'astrologie indiennes. Les astrologues bénéficiaient de l'apport des deux traditions ; comprenant que le modèle d'une terre plate ne pouvait rendre compte de certaines différences dans la position des étoiles en Inde et en Grèce, ils inventèrent un nouveau modèle, celui d'une terre sphérique.

Ce qui sépare les astrologies occidentale et indienne, c'est la mesure du passage du temps. Alors que l'Occident emploie le système « tropical » pour coordonner le zodiaque et les rotations réelles des étoiles, l'Inde utilise le temps « sidéral ». Celui-ci se fonde sur la position des étoiles dans le ciel, alors que le modèle occidental est un concept plus abstrait. Mais ses textes de référence datant du début de notre ère, l'astrologie indienne ne connaît que les cinq premières planètes du système solaire.

LES BRANCHES DE L'ASTROLOGIE

Muhurta est l'« astrologie élective », qui prévoit le moment adéquat pour commencer une entreprise. *Vivaha* est l'« astrologie nuptiale », qui décide de la « légitimité » d'un couple et de la période idéale pour le mariage. Dans les annonces matrimoniales des journaux indiens, les prétendants mentionnent souvent leur thème astrologique.

L'observatoire de Jaïpur, conçu pour observer le Capricorne

Les marches du Jantar Mantar (observatoire du XIIIe siècle, à Delhi) sont flanquées d'une échelle graduée pour mesurer le mouvement des planètes.

L'ASTRONOMIE

Les *jyotis* (« lumières » ou « corps célestes ») furent d'abord étudiés dans les *Védângas*, commentaires des *Védas*, en 400 avant J.-C. Comme l'ancienne astrologie occidentale, le *jyoti* était considéré comme une science, incluant la philosophie, l'astronomie et les mathématiques.

Les premiers astronomes, ou *jyotishas*, tentèrent d'établir un calendrier religieux, fondé sur le passage de la lune à travers des groupes de vingt-sept ou vingt-huit étoiles (les « maisons lunaires ») au cours d'un cycle apparemment mensuel. Confrontés aux mouvements irréguliers de la lune de mois en mois, les *jyotishas* s'efforcèrent de trouver un cycle plus long, où le mouvement se répéterait exactement – ainsi découvrirent-ils le cycle des dix-neuf années solaires.

Ces astrologues – qui étaient des prêtres brahmanes – utilisaient leur connaissance des étoiles afin de prévoir les périodes les plus favorables pour les sacrifices. Puisque le bien-être du royaume dépendait du parfait déroulement des rites, leur rôle était fondamental. L'*Atharva-Véda* affirme : « Un roi sans astrologue est comme un enfant sans père ».

Les temples hindous

La résurgence de l'hindouisme au ve siècle transforma durablement l'architecture et l'art religieux. S'inspirant des sanctuaires bouddhistes (voir p. 36-37), les architectes indiens abandonnèrent le bois, seul matériau utilisé auparavant, pour sculpter leurs temples dans la roche, affirmant ainsi le lien symbolique de ces derniers avec les montagnes et les grottes, demeures traditionnelles des dieux.

Les temples taillés dans la roche constituent un exceptionnel témoignage d'adresse technique et d'imagination architecturale. Le « temple-montagne » le plus spectaculaire de l'Inde est sans doute le Kaîlasha à Ellora, dans le Mahârâshtra. Œuvre des rois de la dynastie des Rashtrakuta au VIIIe et au IXe siècles, il fut édifié en enlevant de colossales quantités de pierres au flanc de la montagne.

À l'époque de la création du Kaïlasha, nombre de techniques de construction furent inventées. Les rois Pallava, qui gouvernèrent le pays tamoul du VIIe au IXe siècle, lancèrent de vastes chantiers. Leur capitale, l'ancienne cité de Kanchipuram, abritait plus de cent temples, dotés chacun d'un sanctuaire surmonté d'une tour pyramidale maçonnée. Les réalisations des Pallava furent poursuivies par leurs successeurs, les Cholas, au Xe et au XIe siècles, qui érigèrent de grands temples comme ceux de Tanjore, de Gangaïkonda-Cholapuram et de Chidambaram. Le temple de Tanjore, dont le sanctuaire central, en granit, s'élève à une hauteur de soixante-trois mètres, est célèbre pour ses sculptures de bronze et de pierre, et pour les fresques qui ornent les murs intérieurs de ses passages obscurs.

LES GROTTES D'ELLORA
Le terme de « grotte » ne saurait rendre la magnificence des monuments rupestres d'Ellora, situés non loin du village du même nom en Inde occidentale. Les réalisations architecturales des Rashtrakuta sont en effet de véritables cathédrales taillées à même la roche.

Le complexe d'Ellora compte vingt-deux grottes. Creusées entre le VIe et le IXe siècles, elles sont consacrées aux religions bouddhiste, hindouiste et jaïn. Le temple Kaïlasha, dédié à Shiva et Pârvatî (voir p. 74-75), forme la pièce majeure de l'ensemble, longue de 50 mètres et haute de 29. Des « piliers de victoire » se dressent autour de sa cour centrale, qui abrite des galeries ornées de fresques.

Cette vue de la cour du temple Kaïlasha montre les galeries et les piliers taillés dans la roche. Au premier plan se dresse la statue d'un éléphant.

LE TEMPLE COMME MANDALA

Les temples hindous sont considérés comme les demeures des dieux et des déesses. Chaque temple est bâti selon les règles de l'architecture sacrée en vue d'attirer les divinités. Sa construction est l'occasion d'une *pûjâ*, rituel d'accès au divin. *Mandala* en trois dimensions (voir p. 100-101), le temple est perçu comme un microcosme de l'univers. En son centre réside la représentation de la divinité, entourée par des effigies de son escorte, lesquelles sont disposées en ordre décroissant selon la hiérarchie céleste. Au-dessus du « Saint des Saints » (*garbhagriha*), se dresse la tour du temple, représentant le mont Méru, l'axe du monde (voir p. 137).

Tours de temples à Madurai (à droite) et à Mahâbalipuram (ci-dessous)

Les dynasties suivantes perfectionnèrent les créations des Chola, multipliant les sanctuaires et les entourant d'enceintes dotées d'impressionnantes portes en forme de tours appelées *gopuras*. Ces structures massives, deux fois plus hautes que larges, dominent non seulement les temples, mais aussi des villes entières et leurs champs environnants. Le nombre d'étages de chaque *gopura* est généralement impair, les niveaux diminuant progressivement de hauteur jusqu'au sommet, un toit voûté aux extrémités en forme d'arche.

Au XVIe et au XVIIe siècles, la renaissance de la religion et de la culture hindoues en Inde du Sud, sous le règne des Vijayanagara, engendra de nouvelles formes architecturales. D'anciennes institutions religieuses furent rénovées et agrandies, ce qui aboutit à la création de véritables villes-temples avec de multiples petits temples et *gopuras* conduisant au sanctuaire central. La religion accordait ainsi au temple une place centrale dans le développement de la pensée, de la littérature et de l'art religieux.

Une armée de dieux, de déesses et d'êtres semi-divins peuple la tour du temple de Kapalishvara, à Madras (XVIIIe siècle).

En effet, ces édifices n'étaient pas simplement des lieux où logeaient les divinités afin d'être adorées par leurs disciples, mais des représentations des royaumes célestes. Il suffit de contempler les figures peintes ou sculptées qui ornent leurs murs – et qui déploient les motifs les plus significatifs de l'art sacré indien – pour comprendre que ces monuments sont avant tout des panthéons divins, notamment en Inde du Sud. Un grand nombre de divinités peuplent les différentes parties du temple, depuis les plus bas niveaux, où les châsses sont élevées sur des plinthes, jusqu'aux tours qui s'élancent au-dessus des sanctuaires.

Depuis le XVIe siècle, les flèches des temples de l'Inde du Sud sont recouvertes de figures polychromes en plâtre. Celles-ci représentent les aspects majeurs et les « parents » de la divinité à laquelle le sanctuaire est consacré, d'ordinaire un aspect de Shiva, de Vishnou ou de la déesse-mère. Mais cette profusion sculpturale ne se réduit nullement aux personnalités divines, puisque de nombreuses créatures moins importantes habitent aussi les temples – des musiciens, chanteurs et danseurs célestes aux gardiens féroces armés de masses. Les animaux et les oiseaux figurent aussi en bonne place, notamment ceux qui servent de montures

(*vâhanas*) aux dieux et aux déesses. Des bêtes fantastiques à tête de lion, appelées *yalis* en Inde du Sud, ornent les niches, les arches et les sommets des tours.

Mais il existe aussi des « temples vides », qui ne sont consacrés à aucun dieu en particulier, et dans lesquels chaque visiteur peut installer, en pensée, le dieu de sa dévotion.

En l'absence de toute église constituée, chacun peut, sur ses terres, construire un temple et le dédier aux divinités qu'il désire. Il peut en réserver l'usage à telle ou telle catégorie de fidèles – et l'entrée des temples obéit souvent à des règles strictes, notamment relatives aux castes.

PROTECTION MAGIQUE

Eu égard à sa fonction sacrée en tant que demeure divine, le temple doit être protégé contre les forces négatives, tels que les *asuras* (démons) qui mènent un combat constant contre les *dévas* (dieux). Pour cette raison, ses portes et ses entrées sont toujours gardées par des personnages armés. Protection qui s'affirme aussi par d'autres voies – déesses et monstres aquatiques auspicieux, montagnes-tortues, symboles du Gange et de la Jamunâ, couples d'amoureux dont les membres s'entremêlent en mille étreintes, etc. L'énergie sexuelle de ces couples est identifiée aux forces de la nature qui assurent une protection magique. Ces représentations amoureuses ornent l'entrée de nombreux sanctuaires. Dans certains temples, comme Khajurao et Konarak, elles forment des fresques entières, garantissant la pérennité du temple.

L'énergie sexuelle, considérée comme une puissante force magique, est souvent représentée sur les murs des temples (Khajurao, XIe siècle).

Les Moghols

Babur et Aurangzeb, le premier et le dernier des empereurs moghols, étaient des poètes. Bien que les premières incursions islamiques en Inde (VIIIe siècle) furent marquées par la violence et la destruction, les souverains moghols, qui régnèrent de 1526 à 1707, se montrèrent généralement tolérants envers les religions autochtones. Leur puissance et leur prodigalité se reflètent dans la splendeur de leur architecture.

Les premiers musulmans en Inde furent des marchands arabes qui atteignirent le Pendjab et le Sind au VIIIe siècle pour faire du commerce avec les rois locaux. À partir du XIIe siècle, les sultans turcs puis afghans menèrent chaque année quelques incursions dans le nord du pays. En 1340, le sultanat de Delhi gouvernait vingt-quatre provinces, dont certaines parties du Deccan et de la côte de Malabar (soit le Tamil Nadu et le Kérala modernes). Durant le XVe siècle, les dynasties Vijayanagar et Rajpoutes contrôlèrent l'expansion islamique en Inde, jusqu'à l'arrivée de Babur, le premier empereur moghol, en 1526. Alors que les sultans de Delhi avaient été perçus comme des étrangers saccageant le pays pour leur propre profit, les six grands empereurs moghols furent, eux, considérés comme d'authentiques Indiens. La période moghole vit une fusion progressive des arts islamique et hindou. Akbâr (1556-1605), sans doute le plus grand des empereurs, prit pour femme la fille d'un roi hindou – et les Moghols qui lui succédèrent eurent ainsi des ancêtres hindous et musulmans. Les Moghols employaient à leurs cours des généraux, des administrateurs, des philosophes et des artistes hindous. Leurs grands programmes de construction ne purent être accomplis qu'avec le concours des dynasties locales – et les plus splendides mosquées et mausolées furent construits et ouvragés par des artisans hindous aussi bien que persans. Alors que les temples symbolisent l'univers extérieur avec sa multitude de dieux, les mosquées glorifient Allah, le « seul vrai dieu » aux multiples noms, mais qui ne peut être représenté. Au lieu de divinités personnifiées et multiples, les mosquées mogholes sont ornées de motifs géométriques abstraits. Comme l'Islam prône l'enterrement des morts (contrairement à l'hindouisme), les tombeaux impériaux sont devenus une forme majeure de l'architecture indienne. D'énormes mausolées, comme le Taj Mahal et la tombe d'Akbâr à Sikandra, comptent parmi les édifices les plus majestueux du pays.

LA TOLÉRANCE D'AKBÂR

Quoique Babur soit le fondateur de la dynastie moghole, Akbâr passe pour son plus grand empereur. À l'âge de dix-sept ans, il s'empara du pouvoir. Durant son long règne il bâtit un empire exceptionnel. Chaque fonctionnaire touchait un salaire ; les paysans, contrairement à leurs homologues de l'Europe féodale, étaient propriétaires de leurs terres. Akbâr ne chercha pas à soumettre la population indienne, mais à s'allier avec elle. Il s'assura les faveurs des rois Rajpoutes en épousant la fille du Râjah Bharmal d'Amber en 1562. En 1563, il abolit la taxe qui frappait les pèlerins hindous visitant les sites sacrés, et l'année suivante il annula la *jizya*, capitation payée par chaque non-musulman.

Le Taj Mahal fut bâti sur la rive méridionale de la Jamunâ, à côté d'Agra, par Shah Jahan en mémoire de sa femme, Arjumand Banu Begam, appelée aussi Mumtaz Mahal (« Favorite du palais »). Quelque vingt mille ouvriers travaillèrent à sa construction pendant plus de vingt ans.

Les gourous

De par sa nature non dogmatique et ouverte, l'hindouisme n'a jamais été une religion prosélytique dépêchant des missionnaires à travers le monde entier. D'aucuns le considèrent même comme le plus tolérant et le plus éclectique des systèmes religieux. Au lieu de dénier toute valeur aux credos rivaux, il les réunit, les percevant comme les aspects d'un seul et même divin dont les nombreuses formes reflètent la nature illusoire de la réalité.

Le gourou voyageur, portant son message de délivrance à travers le monde, est pourtant devenu une image familière de la spiritualité orientale. Pour le public occidental, le gourou constitue une figure ambiguë. S'il prêche l'abandon de soi, la contemplation et la libération de l'esprit, il lui arrive aussi de se retrouver fabuleusement riche. Tel fut le cas de Bhagwan Rajneesh, qui atterrit aux États-Unis en affirmant « Je suis le messie », avant de les quitter menottes aux mains ! Mais d'authentiques maîtres indiens, qui ne sont jamais sortis de leur pays, comme Râmana Mahârshi ou Mâ Ananda Moyî, ont eu une grande influence sur les chercheurs spirituels occidentaux, par leur seule force d'âme. D'autres encore, comme Gandhi, ont même touché durablement les milieux intellectuels.

Parmi ces statuettes de Shiva et de Ganésha figurent une effigie de Sai Baba et une photographie de Swami Muktananda, deux des gourous les plus populaires du XXe siècle. Bien qu'ils soient mortels, ils trouvent leur place aux côtés des dieux comme objets de culte.

Guru Nânak

Bien que les Sikhs ne constituent que deux pour cent de la population indienne, ils ont exercé une profonde influence sur le développement politique et spirituel du pays.

D'après Guru Nânak, son fondateur, le sikhisme repose sur la croyance en une divinité unique, transcendante, ineffable et sans forme, qui se manifeste en toute chose dans le monde qu'elle a créé – concept semblable au *brahman* (voir p. 48). Nânak utilisa pour la désigner les noms de plusieurs dieux hindous et certaines épithètes musulmanes décrivant les différents attributs d'Allah. Il pensait qu'en méditant sur l'un de ces noms, la vraie nature du divin pouvait être révélée. Pour lui, toutes les différences religieuses ne sont que le fruit de *mâyâ* (illusion), et toutes les formes extérieures de la pratique se révèlent inutiles si le cœur de l'adepte reste immergé dans le monde matériel.

Nânak fut aussi un grand réformateur social. Scandalisé par les conditions de vie des parias (« intouchables ») et des « basses castes », il mit l'accent sur la *bhakti* (voir p. 58-59), par laquelle tout homme peut atteindre la délivrance en s'abandonnant au divin. Rejetant les

LA VIE DE GURU NÂNAK

Guru Nânak (1469-1539) naquit à Talwandi, près de Lahore, au Pendjab. Son père était un fonctionnaire du gouvernement, et Nânak lui-même fut employé par le sultan de Delhi. Mais en dépit de son statut, et bien qu'il eût assisté aux terribles invasions mogholes, les pierres angulaires de son enseignement furent l'égalité de chacun devant Dieu et la réconciliation entre hindous et musulmans.

Jeune homme, il travailla un temps pour les conquérants, à Sultanpur. Mais après avoir reçu sa « révélation », il partit en pèlerinage dans tous les lieux saints hindous et musulmans, y compris La Mecque. Puis il revint dans son Pendjab natal pour y fonder une communauté religieuse.

Au début du XVIe siècle, alors que Luther prêchait la Réforme en Europe, Guru Nânak enseignait l'unité et le renouveau à un nombre croissant de disciples. À leurs yeux, il était la source de toute vérité – et pour marquer leur dévotion, ils s'appelèrent Sikhs, nom dérivé du sanskrit *shishya* (disciple).

Marié, Guru Nânak avait deux fils, mais il choisit Lehna, l'un de ses plus proches élèves, pour lui succéder. Lehna prit le nom d'Angad, héros légendaire. Tout ce que lui enseigna Guru Nânak est consigné dans le *Granth Sahib* (Livre du Seigneur), pour lequel il inventa une nouvelle graphie, le *gurmukhi*, soulignant ainsi son caractère sacré.

Guru Nânak (miniature du XVIIe siècle)

iniquités du système des castes, il donna à chaque Sikh le nom de *Singh* (« lion »), et créa des réfectoires communs dans les temples, où tous les disciples étaient égaux.

Les enseignements de Nânak furent rassemblés dans deux livres, le *Adi Granth* (Premier Livre) et le *Granth Sahib* (Livre du Seigneur), par Angad, le deuxième gourou sikh. Arjun, le cinquième, fut le premier à périr de mort violente. Après le décès du libéral Akbâr, il soutint le prince Khusru, le fils rebelle du nouvel empereur Jahangir. Mais quand il refusa de payer un tribut en guise de châtiment, on le tortura à mort. Par la suite, les Sikhs abandonnèrent leur pacifisme et évoluèrent lentement vers une société de guerriers. Sous l'égide de Govind Singh, leur dixième et dernier gourou, ils se constituèrent en ordre militaire.

Avant son assassinat en 1708, Govind décréta qu'il n'y aurait plus de gourous et que seul le livre sacré, le *Granth Sahib*, pouvait incarner l'autorité divine. Depuis, les Sikhs, divisés en groupes conduits par des chefs (*sirdars*), se sont répandus à travers toute l'Inde.

Depuis un siècle, le mouvement de réforme Sirgh Sabhâ a rapproché le sikhisme de la modernité, et lui a insufflé un nouvel élan. Mais depuis la partition du Penjab, leur territoire, en 1947, les Sikhs s'intègrent difficilement dans la fédération indienne.

Le temple d'or d'Amritsar, au Pendjab, est le lieu saint du sikhisme.

AMRITSÂR

En 1759, l'empereur moghol Akbâr accorda au quatrième gourou Râm Dâs une terre au Pendjab, afin que les Sikhs pussent y construire leur capitale. Ram Das fit d'abord construire un immense bassin, le « bassin du nectar » (*Amrita Sâras*). Son successeur, Arjun, fit édifier un temple sur une île au milieu du bassin, et deux siècles plus tard, Ranjit Singh, grand dirigeant sikh, le couronna d'un dôme d'or.

Le nom du Pendjab vient d'un mot sanskrit qui signifie « cinq rivières », soit les cinq affluents de l'Indus. Depuis le XVIe siècle, Amritsâr est la capitale des Sikhs.

Mahâtmâ Gandhî

Mohandas Karamchand Gandhî (1869-1948), qui joua un rôle majeur dans la lutte pour l'indépendance de l'Inde moderne, se définissait simplement comme un chercheur de vérité, mais aux yeux de l'Asie – et même du monde –, il fut un maître spirituel, un pacifiste sans compromis, un idéaliste intrépide et un patriote humble autant que passionné, digne de son surnom de « Mahâtmâ » (« Grande Âme »).

Fils d'un riche ministre du gouvernement de Kathiawar, dans le Gujarat, Gandhî étudia le droit à Londres. Mais en 1893, il quitta Bombay pour l'Afrique du Sud, où il passa vingt-deux années à défendre les droits des immigrés indiens, organisant des manifestations contre les pratiques discriminatoires du gouvernement blanc. Il acquit alors la conviction que la voie du changement réside dans la persuasion et l'action non-violente.

En 1914, il revint en Inde, mais avant de se lancer corps et âme dans la lutte pour l'indépendance et les activités du parti du Congrès, il passa une année à écouter et à apprendre, approfondissant les enseignements qui allaient orienter le reste de sa vie. La doctrine de l'*ahimsâ* (non-violence), qui prit forme dans son Gujarat natal, fut la pierre angulaire de sa réflexion. Gandhî trouva certains éléments de cette doctrine dans la *Bhagavad-Gîtâ*, dans le Nouveau Testament (particulièrement le Sermon sur la Montagne) et dans les écrits de saint François d'Assise, du poète indien Raychandbaï, du critique anglais John Ruskin et de Léon Tolstoï, avec lequel il correspondit. À partir de ces sources, il

En mars 1930, Gandhî mena la « Marche du Sel » jusqu'à la mer (400 km) pour lutter contre le monopole britannique.

LE FILAGE DOMESTIQUE

Dans les années vingt, Gandhî relança le mouvement de boycott, qui avait commencé au Bengale au début du siècle. Il s'agissait d'affaiblir l'économie impériale en rejetant les biens britanniques, et de favoriser l'indépendance économique en encourageant la fabrication de marchandises locales (*swadéshi*). Gandhî s'opposa également aux appareils ménagers, « instruments d'avidité » qui provoquaient le chômage de millions d'Indiens. Il prônait le retour au rouet domestique pour boycotter les vêtements anglais.

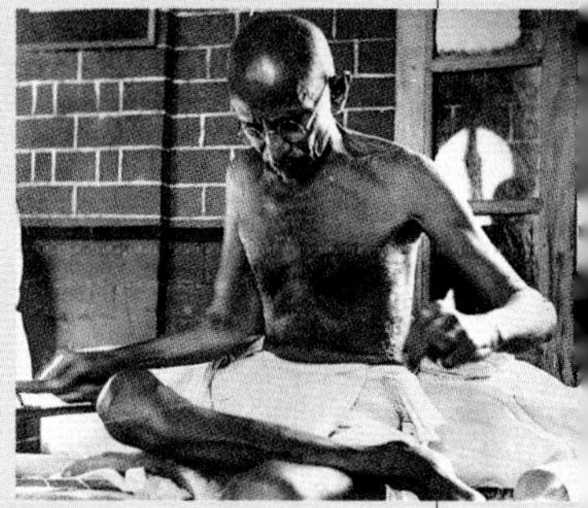

Gandhî filant dans une colonie d'intouchables à Delhi

créa une philosophie centrée sur le *satyagraha* (adhésion à la vérité). « La vérité, disait-il, est le plus grand nom de Dieu. » S'il enseignait qu'aucune circonstance, si terrible soit-elle, ne pouvait justifier la violence, il affirmait aussi qu'aucune entorse à la vérité n'était acceptable. Mais ces principes n'étaient ni négatifs ni passifs. Il s'agissait au contraire, pour Gandhî, d'armes positives. S'il ne pouvait persuader ses opposants par la raison, il jeûnait ou il acceptait d'être emprisonné, utilisant sa souffrance pour transformer le cœur de ses adversaires et les conduire à sa vérité.

Gandhî s'intéressait plus à la transformation humaine qu'au changement social. Son rêve de liberté pour l'Inde, loin de s'arrêter à l'indépendance, visait à transcender le matérialisme et les injustices du système des castes. Avant de s'engager dans l'action politique, il abandonna les vêtements occidentaux qu'il portait en Afrique du sud pour le pagne (*dhoti*) des paysans indiens.

En 1920, après qu'un général britannique eût ordonné à ses soldats musulmans et bouddhistes de tirer sur la foule à Amritsâr, Gandhî entreprit de rendre l'Inde ingouvernable. Durant les dix-sept années suivantes, à l'exception de quelques repos forcés en prison, il passa son temps à défier les Anglais et conduisit le peuple dans une campagne nationale de désobéissance civile. Lorsque la victoire vint en 1947, elle engendra malheureusement la partition. Une année plus tard, Gandhî fut assassiné par un extrémiste, qui refusait toute réconciliation entre hindous et musulmans.

« Je suis réformateur de la plante de mes pieds jusqu'au sommet de ma tête, disait-il, mais mon zèle ne me pousse jamais à rejeter aucun des éléments essentiel de l'hindouisme. » Sa divinité de prédilection était Râma, sur le mythe duquel il prenait toujours modèle. Sur le plan social, comme tous les grands réformateurs hindous – sauf Bouddha –, il ne remit pas en question le système des castes, mais voulut en assouplir l'application. Surtout, il s'opposa avec la plus vive énergie à l'ostracisme touchant les « intouchables », qu'il considérait comme fondamentalement étranger à l'hindouisme.

Statue du Mahâtmâ Gandhî à Delhi

Râmakrishna

Le 20 février 1834 naissait à Kamarpukur, petit village du Bengale occidental, un garçon chétif que ses parents nommèrent Gadâdhar. La famille Chatterji était pauvre mais de bonne caste brahmanique (clan des Chattopadhyata). L'enfant n'apprit ni à lire ni à écrire mais mémorisa sous la direction de son père les textes nécessaires à la célébration du culte. À l'âge de vingt ans, il put donc être choisi pour desservir une petite chapelle dédiée à la déesse Kâlî. L'important est que, dès son adolescence, Gadâdhar eut des expériences mystiques dont la fréquence ne cessa de s'accroître, sa vie durant. Très vite, sa renommée s'étendit et l'on vint de toute la région entendre les homélies dont il accompagnait les rites quotidiens (*pûjâ*) du culte de Kâlî. On savait que la déesse elle-même lui était apparue à plusieurs reprises, et lui avait demandé de prêcher la dévotion à son égard. De plus, Gadâdhar, bien qu'il fût marié, avait choisi la voie ascétique et fait vœu de chasteté. Un jour, (il devait avoir trente ans), il vit venir à lui un *sâdhu* qui lui donna l'initiation védântique et lui conféra un nom nouveau, comme il est de règle pour les moines, Râmakrishna. Après cet événement, ce dernier infléchit son enseignement dans un sens plus « métaphysique » : tout en continuant de dire que la dévotion à Kâlî est nécessaire et bienfaisante, il prit l'habitude d'ajouter que tout autre forme de *bhakti* est également valable, y compris hors de l'hindouisme. C'est ainsi que les Européens qui venaient le voir étaient invités par lui à pratiquer leur religion avec plus de ferveur, et non à en changer. Et, si des hindous s'étonnaient de

Râmakrishna photographié lors d'un séjour à Calcutta, l'un des rares documents que nous possédions de ce maître spirituel

VIVÉKÂNANDA

Vivékânanda, le disciple préféré de Râmakrishna et continuateur de son œuvre

Après la mort de Râmakrishna, Vivékânanda eut l'idée de regrouper les fidèles désorientés en une « Mission » organisée à la façon d'une église protestante. Le choix du terme de « mission » est en tout cas significatif de la volonté de Vivékânanda de diffuser partout, en Inde d'abord, mais aussi dans le reste du monde, la pensée du Maître disparu. Son premier succès fut sa participation au « Parlement des Religions » réuni à Chicago en 1893 qui le fit connaître et lui permit de recruter ses premiers disciples non-indiens. Par la suite il organisa la Communauté en un Ordre monastique dirigé par des *swâmis* (maîtres) et vivant dans des monastères (*math*) voués à l'étude et à la diffusion de l'enseignement de Râmakrishna. L'Ordre reste exclusivement indien, mais les Missions ont essaimé partout dans le monde, en particulier en Angleterre, en France, et aux États-Unis. Elles éditent des traductions d'ou-vrages fondamentaux de l'hin-douisme, organisent des confé-rences, accueillent des retrai-tants et patronnent des œuvres charitables.

Pour le centième anniversaire du rassemblement de Chicago, une conférence mondiale des religions s'est tenue en 1993 aux États-Unis. Celle-ci témoigne d'un nouvel essor du dialogue interreligieux auquel Vivékânanda avait attaché tout le prix.

---

l'entendre parler ainsi, il répondait qu'il avait été gratifié d'une apparition de Jésus qui lui avait révélé le sens profond du christianisme. Muhammad aussi l'avait visité, au même titre que le Bouddha, Krishna, etc.

Dans les dernières années de sa vie, Râmakrishna, quadragénaire (il mourut en 1886, à l'âge de 52 ans), était entouré d'un groupe de disciples qui le tenaient pour un maître spirituel (*gourou*) de premier plan. Des gens importants, dans le domaine de la politique aussi bien que de la religion, venaient le consulter sur toutes sortes de sujets et l'on notait ce qu'il disait sur des feuilles volantes qui circulaient à Calcutta et dans toute l'Inde du Nord. Une partie de ces « paroles » du Maître furent éditées bien des années plus tard sous le titre, quelque peu provocateur, de « Gospel (Évangile) of Râmakrishna » (en français, plus raisonnablement : « l'Enseignement de Râmakrishna »). Ce que l'on trouve dans ces textes, c'est d'abord une présentation de l'hindouisme contemporain tel qu'il est vécu dans le peuple : sur le plan pratique un culte fortement dévotionnel, associé à l'affirmation d'une unité fondamentale transcendant la diversité des mythes et des rites. Mais Râmakrishna va plus loin lorsqu'il élargit cette vision des choses à l'ensemble des manifestations religieuses : « Ne discutez pas sur les doctrines et sur les religions, disait-il, elles sont Une. Toutes les rivières vont à l'océan ! La grande eau se fraie mille chemins le long des pentes. Selon les races, les âges et les âmes, elle court dans des lits différents ; mais c'est toujours la même eau ! »

Cette théologie de l'unité correspondait à ce qu'entendaient de nombreux Occidentaux, surtout anglo-saxons, mais elle n'aurait eu qu'un faible écho si Râmakrishna n'avait rencontré vers la fin de sa vie un intellectuel de Calcutta, Narèndra Nath Datta (1863-1902) qui devint son disciple et reçut de lui le nom monastique de Vivékânanda.

Râmana Mahârshi

Tout au sud de l'Inde, se dresse une petite montagne (855 m d'altitude) qui domine la plaine avoisinante. On l'appelle Arunâchala et on la tient pour sacrée. À son pied, près du village de Tiruvannamalaï, un grand temple, dédié à Shiva, a été construit au XVIe siècle. Ce lieu de pèlerinage n'aurait eu qu'une importance locale s'il n'était devenu un centre de rayonnement spirituel connu dans le monde entier, grâce au séjour qu'y fit un sage nommé Râmana que ses disciples saluaient du titre de Mahârshi « Grand Voyant » (par référence aux Prophètes des premiers temps qui eurent la révélation du *Véda*). Né en 1879 dans une famille de brahmanes tamouls, il vécut à l'âge de seize ans une expérience mystique qui détermina son destin. Devenu ermite, il séjourna plusieurs années dans une grotte de la montagne sacrée en observant une ascèse très contraignante (par exemple : mutisme absolu), ne vivant que de ce que disposaient devant lui les pèlerins de passage. Plus tard, il accepta de communiquer avec ceux qui désiraient devenir ses disciples et il s'installa dans la plaine, près du temple. On vint de toute part entendre son message et une petite communauté (*âshram*) se constitua autour de lui. Dès les années trente, des Occidentaux prirent le chemin de Tiruvannamalaï pour le rencontrer. Vers la fin de sa vie (1950) il était mondialement connu.

L'enseignement qu'il donnait n'avait cependant rien d'original : c'était le Védânta de stricte obédience. Mais un Védânta plus « vécu » que livresque, compte tenu, notamment, du fait que le Mahârshi n'avait reçu qu'une éducation succincte et tôt interrompue. Ce qui

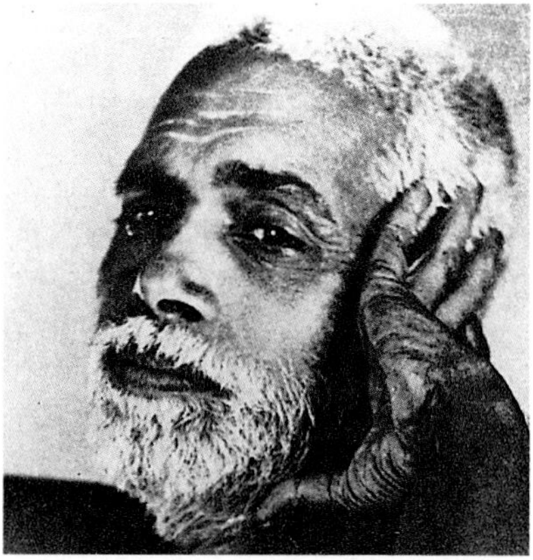

Râmana Mahârshi, l'un des maîtres spirituels les plus authentiques de l'Inde moderne

frappait ses auditeurs c'était surtout sa « présence » et la sérénité qui s'en dégageait. De plus, la méthode du Maître avait de quoi surprendre : à toutes les questions qu'on lui posait, il répondait par d'autres questions, visant à faire dire par son interlocuteur ce qu'il aurait pu, lui-même, enseigner dogmatiquement. Inlassablement, à la manière de Socrate, il obligeait le disciple à découvrir la Vérité au plus profond de son être et non pas à l'extérieur : « Personne ne saurait vous donner la Connaissance, disait-il, elle est un trésor caché dans votre propre cœur. »

Connaissance qui se révèle d'un coup, de soi-même, lorsque le sujet comprend enfin qu'il n'est « ni ce corps, ni ce mental, ni cet ego, mais le Soi (*âtman*) immuable, éternel. » Une autre originalité du Mahârshi était son refus du statut de gourou. N'ayant reçu l'initiation de personne, affirmant n'avoir jamais étudié aucun texte sacré, ignorant le sanskrit, il prétendait n'être qu'un témoin, un conseiller, un « accoucheur » aurait dit Socrate. Mais sans doute est-ce cette autonomie par rapport à la norme brahmanique qui attirait les individus « en recherche » et notamment les non-hindous : bouddhistes, musulmans, chrétiens. En ce qui concerne ces derniers, on peut citer Raimundo Panikkar, Bede Griffiths et surtout le père Henri Le Saux, bon exemple du contact subtil qui pouvait s'établir, à l'occasion, entre deux personnalités également engagées dans la Quête spirituelle.

HENRI LE SAUX

Né en Bretagne en 1910, devenu moine bénédictin (abbaye Sainte Anne, à Kergonan), dom Henri Le Saux se sentait attiré par les formes non-chrétiennes de la spiritualité. Ayant surtout étudié celles de l'Inde brahmanique, il entra en contact, dès la fin de la guerre, avec le père Jules Monchanin qui se vouait en Inde même à une « mission de présence ». En 1948, il le rejoint et fonde avec lui un *âshram* dans l'extrême Sud du pays. Après la mort de son compagnon (1957), mais déjà aussi avant celle-ci, il sent que c'est la voie érémitique qui lui convient le mieux. Avec la permission de ses supérieurs il s'engage dans une ascèse analogue à celle des « renonçants » (*samnyâsins*, ou *sâdhus*) hindous. Vêtu d'une simple étoffe couleur safran, ne possédant rien d'autre qu'un bâton et un bol à aumônes, il parcourt l'Inde du Nord au Sud, en solitaire. Il meurt en 1973. L'important est que ce chrétien, qui ne renia jamais la foi de ses pères, affirme avoir eu l'intuition de sa mission après avoir rencontré Râmana Mahârshi (1949). À l'imitation de celui-ci, il séjourna cinq mois dans une grotte du mont Arunâchala (1952) observant un vœu de silence absolu, puis répéta cette expérience à diverses reprises quand il en sentait le besoin. Il faut insister sur le fait que cette immersion en milieu hindou ne l'empêchait pas de rester fidèle à ses vœux de moine bénédictin : arrivé aux sources du Gange, il célèbre une messe et fait de même en janvier 1965 au sommet d'Arunâchala, en concélébration avec le père Raimundo Panikkar, prêtre catholique de double origine indienne et espagnole. De plus, il tente de faire partager son expérience de rencontre « vécue » entre les deux religions en rédigeant de nombreux ouvrages et en entretenant une abondante correspondance. Il lui est arrivé d'écrire, par exemple : « Le Christ que j'avais d'abord connu et aimé en sa vie historique en Jésus, puis en son épiphanie en l'Église, m'est enfin apparu sous la forme de… Râmana Mahârshi ». Et à ceux qui s'inquiétaient de telles déclarations, répondait : « L'Église n'aura le droit d'appeler à elle les hindous que lorsqu'elle sera capable de recevoir des Râmana ! ».

De son vivant, en dehors du milieu des missions chrétiennes en Inde, son action eut peu d'influence. Mais depuis sa disparition, par la diffusion de ses écrits et de sa correspondance, sa pensée est devenue un point de repère essentiel dans le dialogue interreligieux Orient-Occident. On reconnaît de plus en plus, en France tout particulièrement, l'authenticité d'une expérience spirituelle qui réussit à s'enraciner, sans reniement, dans une religion autre que la sienne.

Le père Henri Le Saux, vêtu d'une robe orange, comme les sâdhus, dans son âshram *au bord du Gange*

Shrî Aurobindo

*Shrî Aurobindo, peu après la fondation de l'*âshram *de Pondicherry*
Photo Dominique Darr

La vie et la destinée d'Aurobindo Ghose (1872-1950) sont très différentes de celles de Râmakrishna et de Râmana Mahârshi. Fils d'une riche famille de Calcutta, il fait des études complètes en Angleterre afin de devenir administrateur civil de l'Empire britannique. Pourtant, de retour dans son pays natal, il préfère s'engager dans les rangs de ceux qui luttent pour l'indépendance de l'Inde et préconise, à l'inverse de Gandhi, l'usage de la violence. Incarcéré, il vit en prison une expérience spirituelle qui lui fait comprendre l'inanité de tout ce qui n'est pas la quête de la Vérité. Dès sa libération, il se réfugie à Pondicherry (alors comptoir français) et s'engage dans une ascèse solitaire dont il ne sort que pour délivrer un enseignement de type védântique à ceux qui commencent à se grouper autour de lui.

La petite communauté s'organise en *âshram* et des européens se mêlent aux hindous, pour l'entendre. Se sentant près d'être débordé par cette affluence, il confie la direction de l'*âshram* à une Française d'origine égyptienne Mirâ Alfassa-Richard qui devient donc « la Mère » de la Communauté. Lui-même se retire dans sa chambre et rédige de nombreux ouvrages où il expose sa doctrine. Ayant fait vœu de silence il ne communique avec ses disciples que par de courts billets où il répond aux questions qu'on lui pose. Il écrit aussi de longues lettres à des correspondants lointains et seule sa mort mit un terme à cette activité (très rare en Inde) d'écrivain « spirituel ».

L'originalité de la position d'Aurobindo (qualifié de Shrî, titre de révérence, par ses disciples) réside dans l'idée que l'on doit se préparer à une mutation prochaine de l'humanité grâce à des exercices appropriés : yoga « intégral », méditation, étude des textes sacrés, etc. L'individu ainsi transformé perçoit alors la lumière céleste (c'est-à-dire « supra-humaine ») qui descendra sur le monde à la fin des temps pour instaurer un nouvel Âge d'or. Au total, l'action de Shrî Aurobindo vise donc à la constitution d'une élite qui sera, en quelque sorte, le germe de l'espèce nouvelle (mutante) qui habitera le monde nouveau.

De telles visions rejoignent celles de l'Apocalypse de Jean mais restent fidèles à certains aspects du brahmanisme classique. Il semble d'ailleurs qu'à la fin de sa vie Shrî Aurobindo se rapprochait de plus en plus des positions du Védânta traditionnel, selon lequel le retour à l'Âge d'or ne se produira qu'après la dissolution de l'Univers, à la fin du Kali-Yuga. La Mère, quant à elle, allait plutôt dans le sens d'une préparation plus active à la constitution de l'élite.

LA MÈRE ET AUROVILLE

La rencontre de Mirâ Alfassa-Richard avec Aurobindo se situe dans les années qui précèdent immédiatement la Première Guerre mondiale. Paul Richard devint d'abord le disciple du Maître de Pondicherry avec qui il entreprit de publier une revue de spiritualité (1910). Sa femme le rejoignit ensuite, puis décida de rester avec Aurobindo lorsque P. Richard dut rentrer en France. Mirâ eut alors la charge d'organiser l'*âshram* et fut dès lors saluée du titre de « Mère ». Douée d'un sens pratique très efficace, bien qu'un peu anarchique, elle rassembla des disciples du Maître en une Société à l'européenne. Les dons étaient investis en achats immobiliers qui permettaient de loger les familles ; une école fut fondée, puis un lycée et enfin, plus tard, une sorte

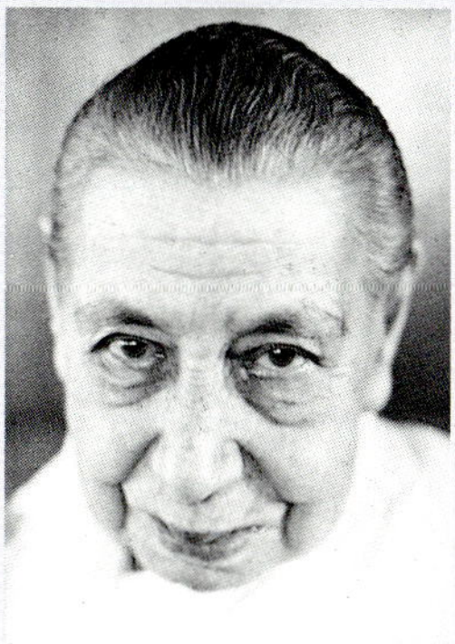

La Mère, lors d'une de ses rares apparitions publiques à la fin de sa vie

Photo Shrî Aurobindo Âshram

d'enseignement réservé à quelques disciples choisis par elle, et destinés dans son esprit à devenir le germe privilégié de la race nouvelle. À l'en croire, la mutation était déjà en cours et le Supra-mental commençait d'irriguer, subtilement, le corps des adeptes. Simultanément, elle décida en 1956 la construction d'une « Cité de l'Aurore » (Auroville où l'on reconnaît le premier élément du nom d'Aurobindo qui, effectivement, signifie « aurore » en bengali). Les plans établis par un architecte français, Roger Auger, privilégient la forme circulaire, avec des avenues qui, telles les rayons d'une roue, convergent vers un Temple de la Mère (universelle) situé au centre de cette structure. Le décès de Mirâ en 1973 porta un coup rude à l'*âshram* et à Auroville dont la construction était inachevée. Actuellement, le premier se perpétue comme centre pédagogique d'un genre particulier (à l'image, par exemple, des écoles Steiner en Occident) cependant que la seconde s'est placée sous la double tutelle de l'UNESCO et du gouvernement indien.

Le Temple de la Mère Universelle au centre d'Auroville Photo Dominique Darr

Mâ Ânandamoyî

Nirmalâ Sundarî Dévî naquit dans un petit village du Bangladesh en avril 1896. Sa famille était de caste brahmanique et, selon la tradition, on l'éleva dans la perspective du mariage. Ce qui fut fait dès l'âge de sa puberté. Elle était cependant déjà tentée par l'ascèse et elle eut la chance que son mari acceptât son vœu de chasteté. De nombreuses expériences mystiques marquèrent dès lors son existence et elle assura au début des années vingt qu'elle s'était donné l'initiation lui permettant de prétendre au titre et au rôle de « maître spirituel », ajoutant que son nom religieux était *ânanda-moyî* (« faite de béatitude »). Son mari la soutint, alors qu'une telle situation est, en Inde, tout à fait insolite (il n'y a pas de féminin au mot gourou). On prit donc l'habitude de lui décerner le titre de Mère (*Mâ*) en signe de révérence. De nombreux disciples se pressaient autour d'elle : hindous, bien sûr, mais aussi musulmans et chrétiens d'Europe et d'Amérique. Sans cesse en déplacement dans la basse vallée du Gange (de Bénarès à Dacca), elle laisse se fonder en divers endroits des *âshrams* qu'elle visite à l'occasion. Cette façon d'agir est, elle aussi, inhabituelle, de même que l'est sa façon d'enseigner : informelle, spontanée et dispensée le plus souvent à la façon d'un jeu, à grand renfort de rires et d'anecdotes humoristiques. Il est vrai

*Mâ Ânandamoyî lors d'une halte au cours de ses pérégrinations, d'*âshram *en* âshram, *dans la vallée du Gange. Ces déplacements perpétuels sont l'une des caractéristiques les plus originales de son enseignement.*

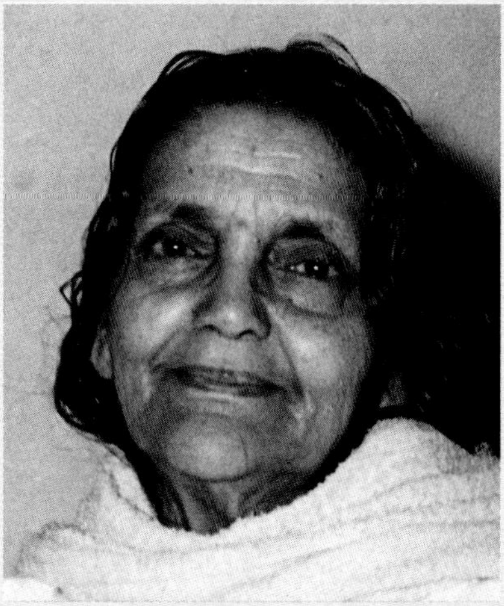

Mâ Ânandamoyî à la fin de sa vie. Tous ceux qui ont croisé son regard en ont été marqués à jamais.

aussi que, de façon inattendue, elle peut s'engager dans des pratiques ascétiques très dures : jeûnes prolongés, vœu de silence, etc.

Contestée par certains (surtout, on le devine, dans le milieu des brahmanes orthodoxes), elle est tenue par d'autres pour une incarnation de la déesse Kâlî. Quoiqu'il en soit son enseignement peut se résumer en cette affirmation qu'elle répétait souvent : « La vocation de l'homme est de trouver Dieu », ajoutant que tout le reste (doctrines théologiques, ascèses, prières, etc.) est secondaire car, « dans cette vie, toutes les vérités sont vraies ». Ce qui revient à dire que, par quelque chemin spirituel que ce soit, on est sûr de progresser, si l'on s'adonne avec sincérité à la recherche de Dieu. À ses yeux cependant, c'est la dévotion ardente (*bhakti*) qui est la plus efficace : « Quelle que soit la situation où Dieu vous place… sachez que c'est ce qu'il y a de mieux pour vous. Entraînez-vous à traverser la vie en remettant votre fardeau entre ses mains ; Il est le Protecteur, le Guide ; en toutes choses, Il est le Tout ». De là, chez elle, le refus de s'engager dans des polémiques ou des discussions qu'elle juge oiseuses : rien ne vaut la joie de chanter en commun des cantiques dévotionnels. On comprend ainsi le succès d'un enseignement qui correspond parfaitement à la sensibilité religieuse des milieux populaires de notre temps, en Inde comme ailleurs.

Les disciples s'étonnaient parfois que Mâ accepte sans protester que des foules s'assemblent autour d'elles et que tant de gens viennent lui raconter leurs ennuis et leurs soucis domestiques. À cela, elle répondait : « Si vous pensez que cela m'est désagréable, c'est uniquement parce que vous faites une distinction entre votre corps et le leur. Vous ne ressentez pas comme un lourd fardeau de porter votre tête, vos mains et vos pieds, vos doigts, vos membres, parce que vous les considérez comme parties intrinsèques de votre propre corps ; de même je sens que toutes ces personnes sont des membres organiques de ce corps-ci. Elles ne me pèsent donc pas, pas plus que leurs soucis. Leurs joies et leurs peines, leurs problèmes et leurs solutions sont une partie vitale de moi-même ; je n'ai aucun sens de l'ego ni de la séparation. En moi, chacun de vous a dans une égale mesure la hauteur et la profondeur de l'éternité ». Le grand orientaliste Jean Herbert disait de cette femme remarquable : « Elle tire le meilleur de chacun, suscite ce qui doit arriver. Mais son plus grand miracle, c'est qu'elle donne à chacun ce dont il a besoin à l'instant précis. Chacun reçoit d'elle réponse et bénédiction en rapport avec sa sincérité ». N'est-ce pas là le propre du maître spirituel ?

Les pèlerinages

Les sept villes saintes

En Inde, les lieux de pèlerinage, appelés *tîrthas* (« gués »), constituent des passages entre les sphères céleste et terrestre. Un *tîrtha* peut être un fleuve, comme le Gange, une montagne, comme le Kaïlash – la retraite himalayenne de Shiva –, ou même un *linga* formé naturellement, tel que celui d'Amarnath (voir p. 67). Ce stalagmite, qui se dresse dans une grotte située entre l'Inde et le Tibet, attire chaque année des milliers de pèlerins lors de la pleine lune d'août. Certains *tîrthas*, par lesquels les dieux descendent sur terre, représentent aux yeux des pèlerins les seuils des royaumes divins.

Sept villes saintes constituent les principaux lieux de pèlerinage : Bénarès et Hardwar, sur les rives du Gange (voir p. 162-163) ; Ayodhya, le lieu de naissance de Râma ; Mathura, le lieu de naissance de Krishna ; Dwarka, où Krishna devint roi, et où naquit Vasudéva (voir p. 62) ; Kanchipuram (voir p. 164), le grand temple shivaïte du Tamil Nadu ; et Ujjaïn, où se déroule tous les douze ans la Khumbâ Mélâ (voir p. 162).

Le pèlerinage le plus sacré consiste à visiter les quatre « demeures » divines sises aux quatre points cardinaux de la carte mythologique de l'Inde : Badrinath, au nord, Puri à l'est, Râmèshvaram au sud et Dwarka à l'ouest. Badrinath, près de la source du Gange, est associé à Shiva, alors que Puri et Dwarka sont les lieux d'élection des adeptes de Krishna. À Puri, en juin, se tient la fête de Rathayatra, où des milliers de fidèles tirent à travers les rues d'immenses chars portant des statues de Jagannâth (aspect de Krishna), de son frère Balarâma et de sa sœur Subhadrâ. Ramèshwaram se situe sur une île entre l'Inde et Shrî Lankâ, île que Râma aurait traversée pour secourir Sîtâ (voir p. 53).

Pèlerins descendant le mont Shatrunjaya, celui qui « vainc les ennemis », l'une des cinq montagnes sacrées du jaïnisme shvétâmbara

Le cours du Gange

Le Gange est le fleuve le plus sacré de l'Inde. Comme sa source jaillit au sommet du mont Méru, centre de l'univers et demeure des dieux (voir p. 137), les Hindous croient que ses eaux coulent du ciel – en passant par la chevelure de Shiva, qui amortit sa chute. Il est vénéré en tant que Gangâ (voir p. 79), et les grandes villes qui le bordent – Bénarès, Allahabad et Hardwar – sont toutes des lieux saints. Les pèlerins se baignent dans le Gange pour se laver de leur *karma* et s'assurer une renaissance favorable.

Le temple le plus proche de sa source se dresse à 3140 mètres d'altitude dans le village de Gangotri, à un jour de marche de Rishikèsh. Gaumukh, la source du Gange, se situe à 4225 mètres d'altitude, soit un jour de marche supplémentaire, où le glacier de Gangotri rejoint la rivière Bhagirathî. Des drapeaux de prière et de petits sanctuaires marquent l'emplacement de la source, et quelques ascètes logent dans les grottes voisines. Le temple de Kédarnâth, à 3580 mètres d'altitude, est un lieu de pèlerinage renommé pour les fidèles de Shiva, tout comme les sources chaudes et le temple de Badrinath, sis dans une vallée entre les pics du Nar Parbat et du Nârâyana Parbat.

La course du Gange à travers les plaines commence à Hardwar, l'une des sept villes saintes (voir p. 161). Le fleuve descend des montagnes à travers une gorge étroite, signalée par deux lions de pierre. L'importance de Hardwar est due à sa position géographique et à la pureté spirituelle de son eau, transportée par les pèlerins à travers toute l'Inde. Tous les douze ans, la ville abrite la Kumbha-Mélâ, au cours de laquelle des millions de fidèles se baignent dans les eaux sacrées. Cette fête a lieu alternativement à Hardwar, à Ujjaïn, à Nasik et à Allahabad, où, en 1989, 15 000 000 de pèlerins vinrent se purifier. Allahabad est le « lieu du sacrifice » (Prayag), car Brahmâ est censé y avoir accompli une cérémonie. Cette ville est doublement sainte parce qu'elle se tient au confluent du Gange, de la Yamunâ et de la mythique Sarasvatî, censée couler invisiblement au cœur du Gange.

Bénarès attire plus de pèlerins que tout autre *tîrtha* en Inde. Favorablement située sur une courbe du Gange où le fleuve coule vers le nord, elle porte aussi le nom de Kashi (« Cité de la Lumière ») ; elle dépend de Shiva, qui se manifeste ici en tant que Vishvanâtha, Seigneur de l'Univers. Le plus grand de ses nombreux temples est le Vishvanatha, et l'eau du fleuve symbolise le pouvoir immanent (*shakti*) de Shiva. Bénarès est aussi sacrée pour les bouddhistes et les jaïns. Le Bouddha historique délivra son premier grand sermon à Sarnath (voir p. 34), alors que Mahavîra, le fondateur du Jaïnisme, vécut à Bénarès, tout comme le poète Kabîr.

À GAUCHE *Construit par le général népalais Amar Singh Thapa, le temple de Garhwal à Gangotri est le sanctuaire le plus proche de la source du Gange – où médita le saint hindou Raja Bhagirathi.*

CI-CONTRE *Un vieil homme se lave rituellement dans le Gange, à Bénarès. Nombre d'hindous viennent à Bénarès pour se baigner dans le fleuve avant de mourir, se lavant ainsi de leurs péchés.*

Le Gange, sujet d'innombrables mythes, naît dans les Himalayas avant de traverser le cœur de l'Inde. Près de la moitié de la population indienne vit dans sa plaine.

LE CIRCUIT DU GANGE

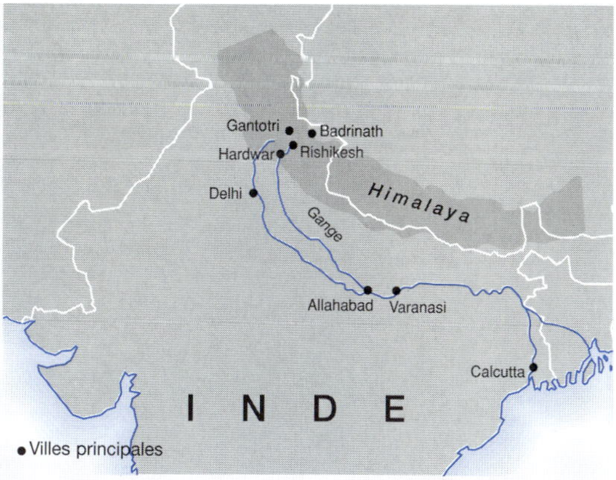

Le sud shivaïte

Mahabalipuram, près de Madras, sur la côte orientale du Tamil Nadu, constitue un excellent point de départ pour le circuit des temples de l'Inde du Sud. Il s'agit d'un des plus remarquables ensembles religieux du pays, avec son fameux temple littoral et ses soixante-dix monolithes, grottes et sculptures. Ses temples taillés dans la roche sont les plus anciens exemples d'architecture monumentale en Inde du Sud, et son art rupestre témoigne à merveille du style de l'empire Pallava, qui régna sur la région entre le IVᵉ et le IXᵉ siècles.

Plus au nord se dresse le grand temple de Kanchipuram, capitale des Pallava, puis, du IXᵉ au XIIIᵉ siècle, des Chola. Kanchipuram, l'une des sept villes saintes de l'Inde, compte plus de 150 temples consacrés à divers dieux. Mais il s'agit surtout d'un centre shivaïste, dont les deux monuments les plus célèbres sont le Kaïlasa-Nâtha, dédié à Shiva Nâtarâja et à Durgâ, et l'Ekambarèshvara Shiva.Plus au nord se dresse le grand temple de Kanchipuram, capitale des Pallava, puis, du IXᵉ au XIIIᵉ siècle, des Chola. Kanchipuram, l'une des sept villes saintes de l'Inde, compte plus de 150 temples consacrés à divers dieux. Mais il s'agit surtout d'un centre shivaïte, dont les deux monuments les plus célèbres sont le Kaïlasa-Nâtha, dédié à Shiva Nâtarâja et à Durgâ, et l'Ekambarèshvara Shiva.

Les cinq éléments (terre, eau, feu, air et éther) sont symboliquement représentés par cinq *lingas* que les fidèles de Shiva se doivent d'honorer. Le premier, le linga de la terre, se trouve au temple d'Ekambarèshvara,

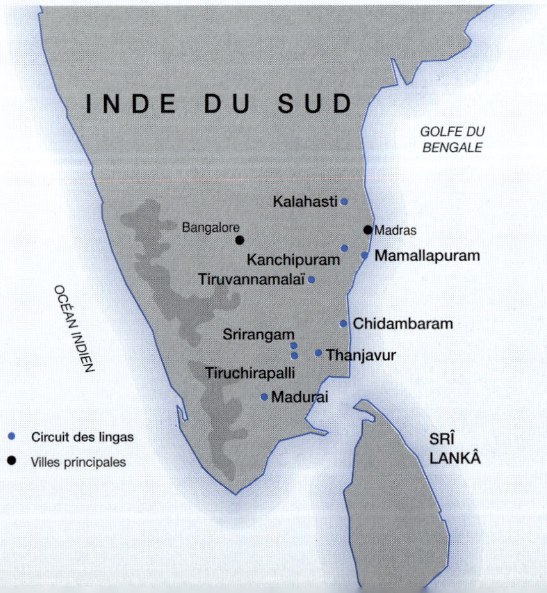

Des monuments rupestres de Mahabalipuram (VIIᵉ siècle) aux superbes temples du XVIIᵉ siècle, le sud abrite nombre des créations les plus admirables de l'architecture religieuse indienne. Par-delà leur beauté, et contrairement à bien des monuments du nord, ces temples constituent des institutions religieuses vivantes et de grands centres d'art.

à Kanchipuram. Le deuxième, le *linga* de l'eau, est situé au temple de Jambukèshvara, à Srirangam, près de Tiruchirappali. Il est immergé en permanence dans un petit bassin alimenté par une source naturelle.

Le troisième *linga*, celui du feu, est vénéré à Tiruvannamalaï, l'un des plus grands temples shivaïtes de l'Inde du Sud. Tiruvannamalaï est connu pour sa fête du feu, célébrée à la fin de novembre. Lors de la dixième et ultime nuit, on allume un énorme feu de joie, dont la colonne incandescente symbolise Shiva.

Le *linga* de l'air ou du vent se trouve à Kalahasti, sur les rives de la Svarnamukhi, dans le sud de l'Andhra Pradèsh. Kalahasti, qui fut la capitale religieuse de la dynastie Vijayanagara, est dominé par le temple de Kalahastishvara, où se dresse le *linga* du vent.

Le cinquième élément, l'espace ou l'éther, est représenté par le *linga* de Chidambaram (voir p. 134), le grand temple Chola consacré à Shiva Nâtarâja et à sa danse bienheureuse, l'Ananda Tandava. Ce *linga* de cristal est le plus important des cinq parce qu'il symbolise la cinquième face éthérée de Shiva, qui embrasse et transcende les quatre autres.

Le plus grand temple shivaïte de l'Inde du Sud est sans doute le Brihadishvara, à Tanjore, construit par la dynastie Chola entre le IXe et le XIIIe siècles. Son *linga* géant, d'une hauteur de 3,60 mètres, est installé sous le plus haut *gopura* du Sud, et ses peintures murales et ses bronzes comptent parmi les exemples les plus raffinés de l'art shivaïte.

La pénitence d'Arjuna, *sculpture sur roc du VIIe siècle située à Mahabalipuram, est l'exemple le plus significatif de l'art Pallava. Appelée aussi* La Descente du Gange, *elle représente un épisode de la vie d'Arjuna, le guerrier-mystique de la* Bhagavad-Gîtâ.

Les tirthas jaïns et bouddhistes

La plupart des *tîrthas* (« gués ») jaïns et bouddhistes se trouvent dans le bassin du Gange, où Mahavîra et Bouddha délivrèrent leur enseignement. Le plus important *tîrtha* bouddhiste du monde est Bodh Gaya, lieu de l'éveil du Bouddha (voir p. 32-33), situé à douze kilomètres au sud de Gaya, dans le Bihar. Le nom Bihar vient du sanskrit *vihara*, « monastère bouddhiste ». Gaya abrite aussi le temple de Vishnupâda, qui fut bâti, dit-on, sur une empreinte de pied laissée dans la pierre par Vishnou, ainsi qu'un banyan arbre sous lequel le Bouddha aurait médité pendant six ans. Le temple de Mahabodhi, à Bodh Gaya, contient la relique la plus célèbre du Bouddhisme – un descendant de l'arbre de la *bodhi*. Sous cet arbre se dresse le *vajrâsana*, trône de diamant qui symbolise la délivrance du Bouddha.

Sarnath, le Parc aux biches dans lequel le Bouddha donna son premier sermon (voir p. 34), se trouve à dix kilomètres au nord de Bénarès. Le *stûpa* Damekh, qui indique l'endroit du sermon, se dresse à plus de trente mètres de hauteur. C'est à Lumbini, près de la frontière népalaise, que le Bouddha naquit. Et c'est à Kushinâgara, dans l'Uttar Pradèsh oriental, qu'il mourut.

Bénarès est aussi un important *tîrtha* jaïn. Le vingt-troisième « passeur » jaïn, Parshva, y serait né. C'est également à Bénarès que quatre autres « Passeurs » ont trouvé la délivrance. À proximité se dresse Ayodhya, l'ancienne capitale de Bhârata, le premier monarque jaïn. C'est à Pava, l'ancienne capitale du Bihar, située à trente-deux kilomètres au sud-est de Patna, que mourut Mahavîra, le vingt-quatrième *tîrthânkara*. Le temple en marbre blanc de Jalmandir marque le lieu de sa crémation. Mahavîra est né à Vaishali, à quarante kilomètres au nord de Patna.

Pour les jaïns shvétâmbaras, cinq monts sont sacrés : l'Abu, le Girnar, le Shatrunjaya, le Samnéta et le légendaire Ashtapâda, où le premier « Passeur », Rishaba, atteignit la libération. Le mont Girnar se dresse dans le Gujarat occidental, à une courte distance de l'ancienne capitale, Junagadh. Ses seize temples forment le plus vaste ensemble consacré à Neminatha, le vingt-deuxième « Passeur ». Le village de Dilwara, au sommet du mont Abu, possède plusieurs temples dédiés à Rishaba et à Néminâtha.

Le mont Shatrunjaya, la colline qui « vainc les ennemis », est à deux heures d'ascension de Palitana, dans le Gujarat. Avec ses mille sanctuaires et ses huit cents temples, il s'agit du plus vaste *tîrtha* shvétâmbara

Ces pèlerins digambaras (« vêtus de ciel ») montent la « Grande Colline » de Shravana Belgola pour la fête de Mahamastakabhisheka, laquelle n'a eu lieu que soixante-dix fois depuis le xe siècle.

Les principaux lieux saints jaïns et bouddhistes en Inde

de l'Inde, dont la visite apporte autant de « mérites » que celle de tous les autres *tirthas* réunis. Dans ce site, construit, dit-on, par Bhârata, enseignèrent dix-neuf *tîrthânkaras*. Shravana Belgola, le « lac blanc des ascètes » de la secte digambara, se trouve entre Mysore et Bangalore, au Karnataka. Sa « Grande Colline » est dominée par une statue géante (dix-huit mètres) de Gommateshvara, qui fut le premier à atteindre la libération. Sur la « Petite Colline » voisine, autre *tîrtha* digambara, les ascètes pratiquaient le *sallekhana* (dépérissement par le jeûne).

La méditation

Comprendre un yantra

Le *yantra*, mot qui signifie « instrument » en sanskrit, est un diagramme symbolique utilisé par les *tantrikas* comme support de méditation (voir p. 110). Il représente les différents niveaux de l'énergie créatrice (*shaktî*) qui rayonne depuis le centre de l'univers. Ce foyer de création originelle est symbolisé par un point (*bindu*) au centre du *yantra*, tandis que les formes de l'énergie sont restituées par différentes combinaisons de triangles, de carrés de pentagones et de cercles.

Les neuf triangles du Shrî Yantra, par exemple, incarnent les neuf noms de la déesse Dévî (voir p. 78-79) ; les cinq triangles pointant vers le haut symbolisent le *yoni* (vulve), les cinq triangles pointant vers le bas, le *linga* (phallus). Les pentagones représentent les cinq faces de Shiva, ses cinq lingas immanents et les cinq éléments (voir p. 164-165). Le triangle – la triade du blanc, du rouge et du noir – indique les trois fonctions de la divinité : création, préservation et dissolution, ou les trois « qualités » de l'existence. Cette triade incarne encore la trinité : Brahmâ, Vishnou et Shiva (voir p. 48-49). Les différentes couleurs du *yantra* traduisent sa visée spirituelle – le jaune et le rouge renvoient au pouvoir positif, le brun et le bleu au pouvoir négatif.

En méditant sur le *yantra*, l'adepte intériorise ces énergies, et les transforme en niveaux de conscience. Il se concentre d'abord sur le diagramme, puis il ferme les yeux pour le visualiser par l'œil de l'esprit.

Au début, le novice visualise des *yantras* complexes dont les nombreux anneaux représentent des niveaux grossiers de conscience (comme les émotions) qui seront progressivement transcendés. Il médite ensuite sur des diagrammes plus abstraits, qui privilégient le *bindu*, le foyer du *yantra*. Le *bindu*

YANTRAS ÉLÉMENTAIRES

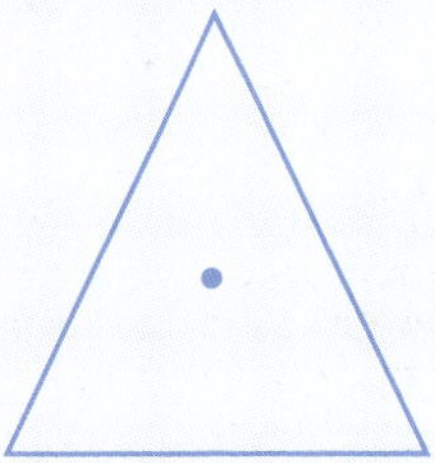

Le centre d'un yantra *est le* bindu *(point), qui symbolise la source de toute création et le point où toute chose retourne.*

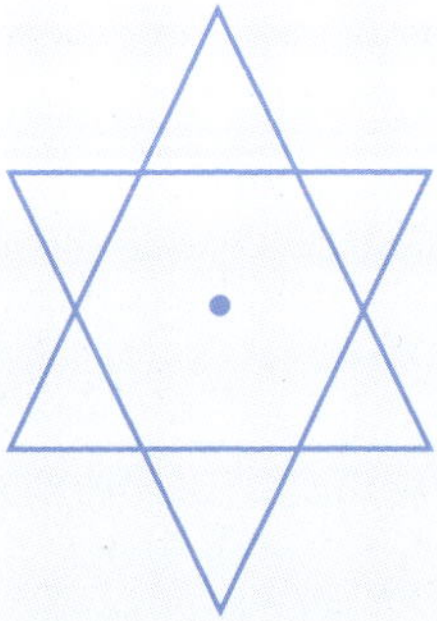

Ici, le bindu *« résout » l'opposition des triangles ascendants et descendants.*

Sur chaque pétale de lotus de cette amulette yantrique (XVIIIe siècle) figure le mantra d'une divinité.

représente le centre du cosmos, vers lequel la conscience est tout entière dirigée. À la fin, le méditant et l'objet de sa méditation ne font plus qu'un – union entre la conscience, le symbole et le cosmos.

Les débutants doivent d'abord maîtriser les techniques yogiques élémentaires, comme le contrôle du souffle (*prânâyâma*), pour apaiser leur esprit. Ils pratiquent ensuite le rituel de la *prânapratisthâ* afin d'imprégner le *yantra* de « force vitale ». Pour ce faire, ils consacrent l'espace du diagramme en expirant par le narine droite et en récitant un *mantra*.

Les pratiquants confirmés commencent par fixer leur attention sur la périphérie du *yantra*, un carré doté de quatre « portes » ouvrant sur les quatre points cardinaux. Ce carré représente les passions (colère, désir et peur). En contemplant ces passions, le méditant les annihile. Progressant à travers ces niveaux élémentaires de conscience, il transcende le moi physique et engage son périple à travers les subtils anneaux intérieurs par un éclairement graduel de la conscience. Les adeptes avancés visualisent directement l'image complète du *yantra*, le déployant à partir de son point central – de même que l'univers a été créé à partir du *bindu*. Une fois le diagramme entièrement visualisé, le yogi dissout symboliquement l'univers matériel en revenant au centre du *yantra*.

La salutation au soleil

Sûrya-Nâmaskâra (la salutation au soleil) est une technique ancienne destinée à absorber l'énergie primordiale (*shakti*) de l'univers et à revigorer le corps au commencement d'une séance de yoga. On la pratique juste avant l'aube afin d'exploiter l'énergie du soleil levant et de stimuler le sang et les organes abdominaux.

Sûrya-Nâmaskâra se divise en sept postures que l'adepte exécute en continu. Cette séquence doit être répétée plusieurs fois, et de plus en plus rapidement. Il convient de passer d'une posture à l'autre, sans à-coups, comme s'il s'agissait d'un seul mouvement descendant, qui, une fois accompli, se transforme en mouvement ascendant. L'adepte doit synchroniser chaque mouvement avec une inspiration ou une expiration.

1) L'adepte se tient debout en tadâsana, *les talons serrés et les mains jointes devant la poitrine en posture de* nâmaskâra *(salut).*

2) En inspirant, l'adepte lève ses bras au-dessus de la tête en ûrdhva hastâsana, *et se courbe en arrière le plus loin possible. Les bras sont tendus et touchent les oreilles.*

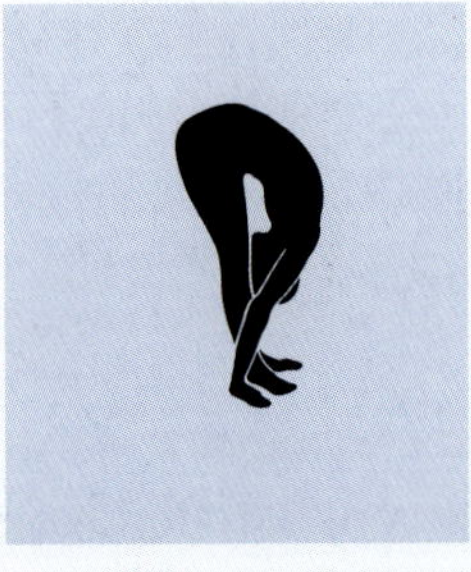

3) L'adepte expire et se courbe en avant en uttanâsana. *Les paumes sont étendues sur le sol à côté des pieds. L'adepte touche ses genoux avec son nez, garde les jambes droites et regarde le sol.*

4) En inspirant, l'adepte tend sa jambe gauche en arrière, le cou-de-pied reposant sur le sol. Il plie ensuite le genou droit vers l'avant tout en posant les paumes sur le sol, dans l'alignement du pied droit.

5) En expirant, l'adepte se relève en ado mukha svanâsana, *tirant la jambe droite vers l'arrière jusqu'à ce que les deux pieds se rejoignent, les talons restant en contact avec le sol. Les hanches sont levées et le menton touche la poitrine. Le regard est dirigé vers l'arrière, entre les jambes.*

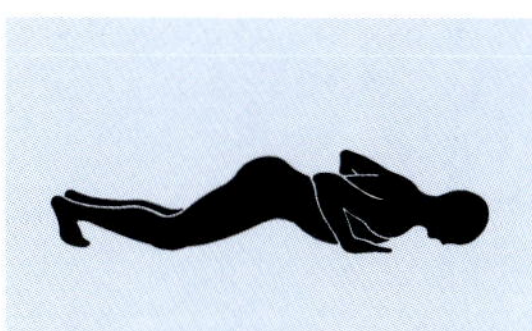

6) En inspirant, l'adepte se met en caturanga dandâsana, *portant le poids de son corps sur ses orteils. Les paumes, le front, la poitrine, les genoux et les pieds reposent sur le sol, mais les hanches restent levées. Ensuite, l'adepte expire.*

7) Il redresse la poitrine, emplissant ses poumons, et se met en ûrdhva mukha svanâsana. *Les paumes restent posées sur le sol, libres de tout poids. Le cou est tendu vers l'arrière, aussi loin que possible. Après avoir expiré, l'adepte refait la séquence en sens inverse jusqu'à la posture de départ (*tadâsana*). La salutation au soleil doit être répétée plusieurs fois. Certains gourous conseillent même de la recommencer autant de fois que l'adepte compte d'années.*

Postface

par Jean Varenne

L'hindouisme nous est tout à la fois étranger et étonnamment familier. Étranger, parce que l'Inde est loin et peut paraître « barbare » : dans son art, par exemple, où nous ne retrouvons pas nos repères familiers. Elle peut même nous inquiéter par sa complexité : foules énormes (déjà huit cents millions d'indiens ! un milliard d'ici vingt ans !), castes, divinités innombrables, pratiques religieuses insolites, etc. Il suffit cependant de passer de l'autre côté du décor pour découvrir un tout autre paysage. Sait-on par exemple, que la langue sacrée des brahmanes, le sanskrit, est étroitement apparentée au latin, au grec, au germanique, au vieux slave, au celte, etc. ? *mâtar* (sanskrit), *matèr* (latin), *mêtêr* (grec), *mutter* (germanique), *mâthir* (vieil irlandais), *mâtar* (vieux russe), dérivent à l'évidence d'un même mot « indo-européen » ; mais une telle découverte ne serait que pittoresque si l'on ne se souvenait de l'adage : « héritage de mots, héritage d'idées ». Dès lors comment s'étonner du polythéisme des hindous, si l'on se rappelle que nos ancêtres communs croyaient eux aussi en un grand nombre de divinités avant leur conversion au christianisme ? De plus ce « goût de l'Un » qui se manifeste en Inde dans les élites religieuses correspondant à celui qui prévalait en Grèce par exemple, dans les milieux philosophiques : Platon et Aristote, pour ne citer qu'eux, ont pour répondants indiens Shankara (le Maître du Védânta) ou Patanjali (auteur des *Yoga-Sûtras*).

Plus profondément, la familiarité ainsi découverte se traduit par des comportements que nous pouvons aisément partager. Ainsi lorsque l'on sait que les hindous aiment se réunir sur le parvis des temples, ou les places des villages, ou dans le jardin d'un mécène, pour entendre l'homélie d'un maître de passage et que la dite prédication est rythmée par le chant de cantiques connus de tous, ne retrouve-t-on pas là une forme de dévotion fréquente chez les protestants (que l'on songe aux baptistes du Sud des États-Unis) ou les communautés charismatiques contemporaines ? De même, les usages en matière de direction spirituelle rappellent parfois ceux des franciscains (par exemple dans le cas de Mâ Anandamoyî), d'autres fois ceux des jésuites (on compare souvent les étapes du Yoga classique avec les *Exercices spirituels de Saint Ignace*). Le style d'un Râmana Maharshi n'est-il pas comparable à celui de Socrate ? On pourrait multiplier les exemples, en se gardant toutefois de gommer les différences : chaque religion a sa spécificité. Le Salut recherché par les chrétiens n'est pas le décalque de la Délivrance telle que la conçoit la théologie brahmanique. Rien non plus dans l'hindouisme ne correspond à la Rédemption par le sang du Christ. Hindous et chrétiens s'accordent certes à juger que l'homme est malheureux en ce bas-monde et qu'il doit tout faire pour surmonter cette situation, mais pour les uns celle-ci est la conséquence du péché originel, alors que pour les autres (comme pour les Grecs de l'Antiquité) elle est due au seul fait que nous nous trouvons dans « l'âge de fer », la dernière des quatre étapes du tour que fait, éternellement, sur elle-même la Roue-du-temps (*kâla-charkra*). Pour les traditions issues de la Bible le temps est linéaire (de l'alpha à l'oméga), pour l'Inde il est cyclique : la fin de cette dernière étape verra à la fois la disparition de cet univers-ci et l'apparition d'un autre qu'inaugurera un nouvel « âge d'or ». De même encore, la croyance en la transmigration est actuellement typique de l'hindouisme (et du bouddhisme) alors qu'elle est rejetée par le judaïsme, le christianisme et l'islam. Il y a là, on le voit, des différences fondamentales qu'il convient de prendre en compte si l'on veut comprendre ce qu'est l'hindouisme.

Il est bon enfin de dire quelques mots de la « découverte » de l'Inde par l'Occident. Non certes de l'existence du pays, connue depuis l'Antiquité (Alexandre a traversé l'Indus deux siècles avant notre ère) mais celle de sa civilisation, soupçonnée par les Anciens, bien connue des Perses et des Chinois, mais seulement « rêvée » par les Occidentaux que le *Livre des Merveilles* de Marco Polo (1254-1324) avaient mis en appétit... Il fallut attendre Vasco de Gama (XVIe siècle) et les missionnaires chrétiens pour que le contact s'établisse. La rencontre cependant ne fut effective que lorsque l'on eut enfin accès aux textes fondateurs de l'hindouisme. En 1801, le Français Anquetil-Duperron publia une traduction latine de cinquante *Upanishads*. Avant lui on avait eu une version anglaise de la *Bhagavad-Gîtâ* (Wilkins, 1785), une autre des Lois de Manu Jones, (1794), etc. Sous la forte poussée des linguistes passionnés par la comparaison entre les langues indo-européennes, les traductions, les grammaires, les dictionnaires se multiplièrent et parallèlement les recherches sur les religions de l'Inde, les systèmes philosophiques, la sociologie, etc. On a peine à imaginer quel fut l'impact au XIXe siècle de ce brusque élargissement du paysage culturel. Le philosophe allemand Schopenhauer (1788-1860) bâtit toute sa métaphysique autour de celle des *Upanishads* dont il disait : « Rien jamais ne s'est rapproché si près de la Vérité ». En Amérique, Emerson (1803-1882) et les Transcendandalistes acclimataient l'éthique de la *Bhagavad-Gîtâ* et l'on sait comment Nietzsche adapta la théorie indienne du temps cyclique (mythe de l'Éternel Retour). Plus tard encore, au milieu du XXe siècle, c'est la théorie de la non-violence prônée par Gandhî qui a la faveur d'un large public, sans oublier encore les doctrines occultistes (notamment celles de la Société de Théosophie). On voit par là qu'exotique ou non, l'Inde a désormais sa place dans l'histoire de la pensée occidentale (à l'insu parfois de certains auteurs !). Il arrive même que l'on aille plus loin encore lorsque, par exemple, on s'efforce d'implanter en Occident des pratiques authentiquement indiennes telle que celles du yoga ou du Tantrisme. On ne peut donc, de nos jours, éviter d'étudier l'Inde si l'on veut comprendre les idées de notre temps.

C'est là l'objet de ce livre...

Glossaire

aghori classe de *sâdhus*.
Agni seigneur védique du Feu.
ahimsa non-violence.
alvâr saint tamoul vishnouïste.
Amman déesse-mère des villages du sud de l'Inde.
anatman concept bouddhiste du « non-moi ».
Arhat le Conquérant l'un des noms du Bouddha.
arita non-ordre, chaos.
Arjuna héros de la *Bhagavad-Gîtâ*, allié de Krishna.
aryens envahisseurs de l'Inde vers 2500 av. J.-C., auteurs des *Védas*.
âsana « assise », posture yogique.
ashram lieu de retraite.
asuras démons, ennemis des *devas*.
Atharva-Veda le quatrième *Veda*, composé pour les prêtres du feu.
âtman « soi », « esprit » ou « âme ».
avarna hors-caste.
avatar incarnation d'une divinité, d'ordinaire Vishnou.
avidya terme bouddhiste signifiant « ignorance ».
Ayyappan divinité du sud de l'Inde, fils de Shiva et Vishnou.
banyan arbre sacré.
bétel mélange stimulant utilisé comme offrande.
Bhagavad-Gîtâ « Chant du Bienheureux », sixième livre du *Mahâbhârata*.
Bhaïrava aspect terrible de Shiva.
bhakti mouvement dévotionnel.
bhava « sentiment artistique », émotion.
bîja « semence », comme dans « mantra-semence ».
bindu point central duquel surgit toute chose.
bodhisattva « bouddha-à-venir », saint bouddhiste.
bodhi arbre de l'éveil sous lequel médita le Bouddha.
Bouddha l'« Éveillé » désigne la figure historique de Siddharta Gautama.
Brahmâ seigneur de la création, l'un des dieux de la trinité hindoue.
brahmacharya chasteté.
brahman l'Absolu, concept hindou du divin.
Brahmanas textes rituels anciens, appendices des *Védas*.
Bramhasûtras appendices des *Upanishads*.
brahmanes ordre sacerdotal, caste la plus élevée.
Chaitanya gourou et saint vishnouïte du XVIe siècle.
chakra disque de Vishnou, centre d'énergie yogique.
Chinnamastâ déesse de la sagesse, aspect de Dévî.
darshana vision de la divinité d'un temple.
dévâs les dieux.
Dévî la Déesse.
dharma loi, devoir ou vérité.
dhuni feu du *sâdhu*.
dhyana méditation.
digambara secte jaïn dont les adeptes vont nus.
diksha initiation jaïn à l'ascétisme.
duhkha terme bouddhiste désignant la souffrance ou l'imperfection.
Durgâ déesse féroce, aspect de Dévî.
ganas armée des nains de Shiva.
Ganèsha celui qui supprime les obstacles, dieu à la tête d'éléphant, fils de Shiva.
Gangâ le Gange, comme fleuve et comme déesse.
garbhagriha sanctuaire d'un temple.
Garuda aigle, monture de Vishnou.
gopîs bergères bien-aimées de Krishna.
gopura entrée de temple dotée d'une tour.
gourou saint, maître.
Hanuman dieu singe, allié de Râma.
hatha-yoga yoga de la « force », yoga physique.
Holi fête hindoue du printemps.
hrim « mantra-semence » de Shiva.
idâ canal respiratoire gauche.
Indra roi des dieux védiques.
irrumudi sac de tissu que les pèlerins d'Ayyappan portent sur la tête.
Ishvara dieu absolu.
jayikukka « devenir victorieux » ; la voie illuminante d'Ayyappan.
jîva saint ou « conquérant » jaïn.
jnâna voie de la connaissance.
jyotis *lingas* de Shiva formés naturellement.
kâla le temps.
Kâlî déesse shivaïte de la destruction.
Kâlî Yuga âge de l'ignorance.
Kalki futur sauveur du monde, incarnation de Vishnou.
kalpa âge du monde équivalant à une année de Brahmâ.
Kâma l'amour, comme dieu et comme désir.
karma action, conséquences résultant des actes passés.
kevala « parfaite sagesse » selon les jaïns.
krîm « mantra-semence » de Kâlî.
Krishna incarnation de Vishnou, héros populaire du *Mahâbhârata*.
kshatriya caste des guerriers.
kundalinî serpent, forme de yoga.
laghiman lévitation.
Lakshmî déesse, épouse de Vishnou.
lîlâ « jeu » divin.
linga emblème phallique de Shiva.
loka l'univers selon les hindous.
Mahâbhârata poème épique attribué à Vyâsa.
mahasiddhi pouvoirs yogiques.
Mahavîra le dernier des vingt-quatre « Passeurs » jaïns.
mahâyâna école prédominante du bouddhisme.
Mahisura démon-buffle de l'ignorance.
Maitreya le futur Bouddha

maladevas démons forestiers de l'Inde du Sud.
mandala diagramme magique représentant la conscience et le cosmos.
mantra syllabe sacrée, incantation rituelle.
mâyâ illusion, apparence du monde.
Meru montagne mythique, axe de l'univers.
Mohini forme féminine de Vishnou.
moksha délivrance, libération.
Muchilinda serpent protecteur du Bouddha méditant.
mudrâ geste symbolique de la main.
Mukteshvara épithète de Shiva.
muni sage, ascète.
Murugan nom de Skanda en Inde du Sud.
nâdî canal d'énergie.
Nagaraja roi des serpents divins.
nagas serpents divins.
nagesvaram trompe jouée dans les temples de l'Inde du Sud.
Nandî taureau de Shiva.
Narasimha incarnation à tête de lion de Vishnou.
Nâtarâja seigneur de la danse, épithète de Shiva.
nath yogi shivaïte, adepte du *raja-yoga*.
nirvana « extinction », éveil selon les bouddhistes.
Om syllabe sacrée à l'origine de l'univers.
Pandavas les cinq frères héros du *Mahâbhârata*.
paria « intouchable », hors-caste.
Parshva le vingt-troisième « Passeur » jaïn.
Pârvatî fille des Himalayas, épouse de Shiva.
Patanjali auteur du *Yoga-Sûtra*.
pingalâ canal respiratoire droit.
pradakshina circumambulation dans le sens des aiguilles d'une montre.
pralaya destruction.
prâna souffle, énergie subtile.
prasad grâce divine, offrande rituelle à la divinité.
pûjâ fête en l'honneur d'une divinité.
Purânas recueils de légendes et de pratiques rituelles.
purusha homme cosmique, esprit.
Râdhâ l'aimée de Krishna, la favorite des gopîs.
raga mode musical.
râja-yoga « yoga royal » prôné par Patanjali.
Râma incarnation de Vishnou, héros populaire du *Râmâyana*.
Râmâyana épopée de Râma.
rasa style artistique, « saveur » esthétique.
Râvana roi-démon de Shrî Lankâ défait par Râma.
Rig-Veda le plus ancien et le plus vénéré des quatre *Védas*.
rita ordre, structure.
rishis les « voyants » qui composèrent les *Védas*.
Rudra dieu védique, le Hurleur, possible ancêtre de Shiva.
sâdhu ascète, renonçant.
sahasrâra le plus élevé des *chakras*.
samâdhi extase intérieure, « enstase » atteinte par la méditation.
Sama-Veda le deuxième *Véda*, ensemble de chants rituels.
samsâra cycle sans fin des morts et des naissances.
sangha ordre bouddhiste ou communauté des moines.
sanyasin ascète vagabond, engagé dans la quatrième étape de la vie.
Sarasvatî déesse de la sagesse, épouse de Brahmâ.
sati immolation rituelle des veuves.
satyagraha « adhésion à la vérité », non-violence collective.
shivaïte appartenant à Shiva.
shakti pouvoir divin incarné dans la Déesse.
shastra traité prescrivant la pratique et la conduite justes.
Shiva dieu hindou principal, le Destructeur, Seigneur du Yoga.
shiva-shakti nature androgyne de la divinité.
shudra caste des travailleurs.
shvétâmbaras secte jaïn prédominante.
siddha maître yogique.
siddhi accomplissement yogique.
Sîtâ épouse de Râma, héroïne du Râmâyana.
Skanda le second fils de Shiva et de Pârvatî.
soma nectar mythique des dieux, élixir d'immortalité.
sunyata vide, vacuité.
sushumnâ canal d'énergie central.
tablas tambours indiens.
tala rythme, temps.
tantra voie rituelle de délivrance dérivée des Tantras.
Tantras textes religieux décrivant une voie d'éveil ésotérique.
tantrika pratiquant du Tantrisme.
tapas « chaleur interne » atteinte par la discipline ascétique.
tîrtha « gué » entre les royaumes mondain et divin.
tîrthânkaras les « Passeurs », saints jaïns.
trimûrti la trilogie hindoue : Brahmâ, Vishnou et Shiva.
Upanishads appendices philosophiques des *Védas*.
vishnouïte appartenant à Vishnou.
vaishyas fidèles de Vishnou.
Vâlmikî auteur du *Râmâyana*.
varnas les quatre castes.
Varuna dieu guerrier védique.
Védas les plus anciens et les plus vénérés des textes hindous.
védique appartenant aux *Védas*.
vibhuti cendres sacrées des shivaïstes.
Vishnou le Préservateur, l'un des trois grands dieux hindous.
Vritra démon védique.
Vyâsa sage mythique, auteur du *Mahâbhârata*.
Yajur-Véda le troisième *Véda*.
yaksha demi-dieu, divinité tribale.
yantra diagramme symbolique utilisé comme support de méditation.
yoga philosophie indienne classique, science de l'éveil.
yogi pratiquant du yoga.
yoni symbole de la vulve, emblème de Dévî.
yuga âge du monde.

Index

Les numéros de page en *italique* renvoient au texte des légendes. Les numéros de page en gras renvoient au texte des encadrés.

A

B

C

D

E

F

O

P

R

S

T

U

V

W

Y

Z

Crédits photographiques

L'éditeur remercie les photographes et les différentes organisations qui l'ont autorisé à reproduire les clichés suivants :

Abréviations
B bas ; C centre ; H haut ; G gauche ; D droite
DBP Duncan Baird Publishers

1 ffotograff/Jill Ranford ; 2 Robert Harding Picture Library/David Beatty ; 7 David Brittain dans Indian Style

L'Inde ancienne
8-9 Impact/Mike McQueen ; **10H** Angelo Hornak ; **10B** ET Archive ; **11** Angelo Hornak ; **12** Bridgeman Art Library/Oriental Museum, Durham University ; **13G** Images/Collection Charles Walker ; **13D** Barnaby's Picture Library ; **14H** Mary Evans Picture Library ; **14B** Ann & Bury Peerless ; **15** Bridgeman Art Library/Victoria & Albert Museum, Londres ; **16** Autorisation de la British Library (Or 4481) ; **17** Douglas Dickens ; **18** Robert Harding Picture Library/K. Gillham ; **19** Jean-Loup Charmet ; **20G** Bridgeman Art Library/National Museum of India, New Delhi ; **20D** ET Archive/National Museum, Karachi ; **21HG** Robert Harding Picture Library/J. H. C. Wilson ; **21HD** Michael Holford/Victoria and Albert Museum ; **21B** Bruce Coleman/Gerald Cubitt ; **22-23** Autorisation de la British Library (Add 5347) ; **24-25** Robert Harding Picture Library/Duncan Maxwell

Le renoncement
26-27 Hutchison Library/Sue Dent ; **28** Christophe Boisvieux ; **29** Explorer/Manuel Garcia ; **30H** Ann & Bury Peerless ; **30B** Douglas Dickens ; **31** The MacQuitty International Photographic Collection ; **32** Robert Harding Picture Library/Adam Woolfitt ; **33** Explorer/J.L. Nou ; **34** ffotograff/Patricia Aithie ; **35H** Michael Holford/Victoria & Albert Museum, Londres ; **35B** Angelo Hornak/National Museum of India, New Delhi ; **36H** Panos/Roderick Johnson ; **36B** John Cleare Mountain Camera ; **37** ffotograff/Patricia Aithie ; **38** Mecky KFogeling ; **39H** Bridgeman Art Library/Oriental Museum, Durham University ; **39B** Angelo Hornak/National Museum of India, New Delhi ; **40G** Christophe Boisvieux ; **40D** Robert Harding Picture Library/J.H.C. Wilson ; **41** Robert Harding Picture Library/Tony Gervis ; **42H** Christophe Boisvieux ; **42B** Images of India/Jeroen Snijders ; **43H** Christophe Boisvieux ; **43B** Angelo Hornak/National Museum of India, New Delhi ; **44** Antonio Martinelli and R. Lazzeri ; **45** Explorer/Christophe Boisvieux ;

Les formes de Vishnou
46-47 Ann & Bury Peerless ; **48G** Images/Collection Charles Walker ; **48D** Angelo Hornak/National Museum of India, New Delhi ; **49** Ann & Bury Peerless ; **50** Jean-Loup Charmet ; **51** Christophe Boisvieux ; **52H** Robert Harding Picture Library/J.H.C. Wilson ; **52B** Hutchison Library/Michael Macintyre ; **53G** Bridgeman Art Library/National Museum of India, New Delhi ; **53D** Ann & Bury Peerless ; **54** Robert Harding Picture Library/J. H. C. Wilson ; **55H** The Stapleton Collection ; **55B** Hutchison Library/Patricio Goycoolea ; **56** Mary Evans Picture Library ; **57** Autorisation de la British Library (Add 16628) ; **58** Werner Forman Archive/Philip Goldman Collection, Londres ; **59H** Copyright British Museum ; **59C** ffotograff/Jill Ranford ; **59B** Ann & Bury Peerless ; **60** Impact/Mohamed Ansar ; **61** Autorisation de la British Library (Or 13758) ; **62H** Spectrum Color Library ; **62BD** Explorer/Cajoom ; **63BG** Angelo Hornak/National Museum of India, New Delhi ; **63C** Ann & Bury Peerless ; **63B** Ann & Bury Peerless

Shiva et la Déesse
64-65 Copyright British Museum ; **66H** Hutchison Library ; **66B** Werner Forman Archive/De Young Museum, San Francisco ; **67H** Copyright British Museum ; **67B** Images of India/Metha ; **68** Robert Harding Picture Library ; **68-69** Spectrum Colour Library ; **69H** Ann & Bury Peerless ; **69B** Hutchison Library/Christine Pemberton ; **70H** Rex/Angus McDonald ; **70B** Christophe Boisvieux ; **71H** Hutchison Library/Dave Brinicombe ; **71B** Rex/Angus McDonald ; **72HG** Sudhir Kasliwal ; **72HD** The MacQuitty International Photographic Collection ; **72B** Impact/Mohamed Ansar ; **73G** Hutchison Library/Dave Brinicombe ; **73D** Aspect Picture Library/Kim Naylor ; **74H** Jain Picture Publishers ; **74B** Explorer/J.L. Nou ; **75G** Robert Harding Picture Library/Ross Greetham ; **75D** Ebenezer Pictures/James Heard ; **76** Copyright British Museum ; **77H** Dick Scott Stewart ; **77B** Copyright British Museum ; **78** Copyright British Museum ; **79H** Copyright British Museum ; **79B** Impact/Mark Henley ; **80H** Bridgeman Art Library ; **80B** Bridgeman Art Library/National Museum of India, New Delhi ; **81H** Explorer/J.L. Nou ; **81BD** Angelo Hornak/National Museum of India, New Delhi ; **81BG** Jain Picture Publishers ;

Les arts du yoga
82-83 Bridgeman Art Library/Collection privée ; **84** Ann & Bury Peerless ; **85** Jain Picture Publishers ; **86** Aspect Picture Library ; **87** Autorisation de la British Library (Add 26433b) ;

88 Autorisation de la British Library (Or 24099) ; **89H** Images/Collection Charles Walker ; **89B** Hutchison Library/Maurice Harvey ; **90H** Robert Harding Picture Library/J. H. C. Wilson ; **90B** Topham Picture Source ; **91H** Douglas Dickens ; **91B** Ann & Bury Peerless ; **93** Images/Collection Charles Walker ; **94** Jean-Loup Charmet ; **95** Images/Collection Charles Walker ; **96** ET Archive/Victoria & Albert Museum, Londres ; **97G** Antonio Martinelli ; **97D** Bridgeman Art Library/Collection privée ; **98** Robert Harding Picture Library/N. A. Callow ; **99** Robert Estall Photographs/Dale Heaton ; **100** Ajit Mookerjee (actuellement au National Museum of India, New Delhi) ; **101** Agence Top/Edouard Boubat ;

Rites et spectacles
102-103 Rex Features ; **104** Robert Harding Picture Library/J. H. C. Wilson ; **105H** Dick Waghorne ; **105B** Hutchison Library/Patricio Goycoolea ; **106** Robert Harding Picture Library/J. H. C. Wilson ; **106-107** Rex Features ; **107** Rex Features/Sipa ; **108** Copyright British Museum ; **108-109** Ann & Bury Peerless ; **109** Hutchison Library/Christine Pemberton ; **110** Images/Collection Charles Walker ; **lllG** Images/Collection Charles Walker ; **lllD** John Cleare Mountain Camera ; **112** Copyright British Museum ; **112-113** Agence Boisvieux ; **113B** Spectrum Colour Library ; **114** Bridgeman Art Library/Victoria & Albert Museum, Londres ; **114-115** Bridgeman Art Library/Collection privée ; **116H** Robert Harding Picture Library/J. H. C. Wilson ; **116C** Explorer/Chawda/Photo Researchers ; **116B** Christophe Boisvieux ; **117H** Spectrum Colour Library ; **117B** Zefa ; **118H** Hutchison Library ; **118B** Werner Forman Archive ; **119G** Topham Picture Source ; **119D** Impact/Ben Edwards ; **120H** Explorer/Musée de Patra/J. L. Nou ; **120B** Douglas Dickens ; **121G** Images of India/Jeroen Snijders ; **121D** lmages of India/Jeroen Snijders ;

Le temps et l'univers
122-123 Tony Sttone Images/David Sutherland ; **124-125** Hutchison Library/Patricio Goycoolea ; **126G** Hutchison Library/Peter Montagnon ; **126D** Hutchison Library/Patricio Goycoolea ; **127G** Ann & Bury Peerless ; **127D** Hutchison Library/John Hatt ; **128** Ann & Bury Peerless ; **129** Hutchison Library/Christine Pemberton ; **130-131** Douglas Dickens ; **132** Christophe Boisvieux ; **133H** George Michell ; **131B** Ann & Bury Peerless ; **134H** Jules Selmes/DBP ; **134B** Robert Harding Picture Library/Nigel Cameron ; **135** Copyright British Museum ; **137** Antonio Martinelli and R. Lazzeri ; **138** ET Archive/British Library ; **139H** Images/Collection Charles Walker ; **139B¡** Robert Estall ; **140** Ann & Bury Peerless ; **141G** Sudhir Kasliwal ; **141D** Ann & Bury Peerless ; **142-143** Images/Collection Charles Walker ; **143** Michael Holford ; **145** Robert Harding Picture Library/Sybil Sassoon ;

Les gourous
146-147 Hutchison Library/Juliet Highet ; **148** Ann & Bury Peerless ; **149** Spectrum Colour Library ; **150** Popperfoto ; **151H** Barnaby's Picture Library ; **151B** Robert Harding Picture Library/Maurice Joseph ; **152** Centre védantique Ramakrishna, Gretz ; **153** Ambassade de l'Inde, Paris ; **154** D.R. ; **155** Pierre Faucheux A.F.P./photo Peter Bachmann ; **156/157** Dominique Darr ; Shrî Aurobindo Ashram ; **158-159** Jean-Claude Marol

Les pèlerinages
160 Christophe Boisvieux ; **163G** John Cleare Mountain Camera ; **163D** Robert Harding PictureLibrary/Adam Woolfitt ; **165** Spectrum Colour Library ; **166** Rex Features ;

La méditation
169 Copyright British Museum.

Illustrations
14D Line + Line ; **20H** Sunita Singh ; **43** Sunita Singh ; **64BG** Line + Line ; **73** Sunita Singh ; **106B** Sunita Singh ; **107B** Sunita Singh ; **110** Sunita Singh ; **120H** Sunita Singh ; **121B** Sunita Singh ; **149D** Line + Line ; **163B** Line + Line ; **164** Line + Line ; **167** Line + Line ; **170** Ed Stuart ; **171** Ed Stuart.

Tous les efforts ont été faits pour retrouver les ayants droits. Toutefois, si quelques omissions subsistaient, nous serions heureux de les réparer dans une prochaine édition.